料理をするように
美しい素肌は作れるということ

オーガニックビューティセラピスト

坂田まこと

KIRASIENNE

Prologue

料理をするように
あなたの綺麗も、笑顔も、
きっと作れる。

Beautiful t

はじめまして。坂田まことです。

『私、ファンデーションを卒業します。』を2018年5月に出版し、その続編としてこの書籍を執筆しました。私は、オーガニックビューティセラピストという仕事をしています。

普段は、10歳になる一人娘のお母さんをしていて、鎌倉に住みながら、オーガニックエステサロンやナチュラルコスメのセレクトショップ、レンタルサロンなどを運営し、オーガニックセラピストを育成するスクールなども全国で開催。幅広くオーガニックの仕事をさせていただいています。

そんな中でも、私はいつだって最優先で現場に立ち続け、今でもセラピストとしてお客様の肌に触れ、少しでも肌トラブルや心の声と向き合う勇気を与えられたら。と、日々「オーガニック美容」の仕事を楽しんでいます。

本書は、素肌のトラブルの原因をきちんと知ることで、素肌のことを受け入れ、そのトラブルに本当に必要な成分を「自分で選べるようになること」を目的としています。『料理をするように美しい素肌は作れるということ』というタイトルには、"自分で料理を作っていくように自分の肌をケアして、美しい肌を作っていけるようになる"という想いが込められています。

「なんとなくいい気がする」オーガニックスキンケアから、
「ちゃんと作用する」ものに変えていきたい。

　多くの女性がオーガニックコスメやソーシャルコスメを手に取る中
で、これまでの化粧品と同じ使い方をしたり、同じような効果を期待
したりしていることが多いように感じます。「遅効性」というゆっくり
肌へと作用していく植物化粧品は、肌を"変える"のではなく"育て
ていく"のです。子供が急に大人になることはありません。同じよう
に、毛穴が小さくなったりニキビが急に消えたりすることは起こりえ
ません。「自然に肌が育つ時間」を与えるためには、肌のことを理解し、
植物のことを理解し、オーガニックコスメのことを理解する必要があ
るのです。そうすることで女性たちは「どうして治らないの？」とい
う不安から解放されて、肌が時間をかけて強くなり荒れにくくなるま
で「待てるように」なっていきます。

スキンケアの中で「待つ時間」がどれほどまでに大切か。

　肌は28日間かけてターンオーバーしていきます。そして、ラップ
一枚にも満たない薄い角質層に守られ、そこをみずみずしく維持して
いくことで私たちの美しさは保たれています。真皮層においては実に
5〜6年かけて生まれ変わるのです。そして、表皮の上にある「皮脂膜」
が天然のバリア機能となり、私たちの肌は守られています。
　まずは、肌を守ってくれている「皮脂膜」を無くしてしまうような
スキンケアは卒業しなくてはいけません。
　そして、肌の皮脂膜に存在する多様な脂肪酸を補うような「植物オ
イル」を選んでいくのです。

多様性に満ちた「植物オイル美容」のメソッドをあなたに。

　さて、あなたは肌を本当に美しくしたいと思っていますか？
　一瞬は綺麗になっても、また荒れたり治ったりを繰り返すなら意味
がありません。自分の肌のことが好きになれない気持ちも、自分で自分
の肌を傷つける過度なスキンケアも、改めていかなくてはいけません。

もっと「素肌のことを信じて、好きになってください」。あなたの素肌に必要なものは、実はとってもシンプルなことだったりするのです。

オーガニックコスメの中には、多くの植物オイルが使用されています。その植物オイルが、あなたの素肌の個性を育て、寄り添い、救ってくれるとしたら……。

「素肌の美しさは、環境の美しさとともに」

この言葉を胸に、自分の素肌と心と環境と深く向き合い、新しい美容の考え方を知ってください。

綺麗になることだけが、ゴールではありません。本当の意味で "あなたらしく" 美しくなるために、料理をするように素肌の美しさを作っていきましょう。

植物オイル美容は、あなたの素肌にそっと寄り添うだけ。

植物オイルが持つ「肌にそっと寄り添う」チカラは、私ですら日々驚くことばかり。セラピストの仕事を通じて、多くの女性の肌に効果をもたらし続けた植物オイル美容の魅力は、あなたの美容の価値観をきっと変えていく。

もっと、自分の素肌を好きになろう。
もっと、植物たちの力を信じてみよう。

さて、まずはドレッサーに座って、この本を開いてみよう。
あなたが「素肌と向き合う」ための大切な時間が始まります。

オーガニックビューティセラピスト
坂田まこと

CONTENTS

Chapter 1

肌育スキンケア&インナーケアフローチャート
料理をするように美しい素肌は作れるということ

Technic 1
あなたの素肌と体を整える
ORGANIC MOTHER LIFE 流「素肌育」スキンケアフローチャート

Technic 2
「活性系・抗酸化系・調整系・鎮静系」とは?

Technic 3
BEAUTY BOTANICAL LIST

Skin care flow chart
Technic 1

あなたの素肌と体を整える
ORGANIC MOTHER LIFE 流「素肌育」スキンケアフローチャート
—— Organic Skincare Technic ——

「Maison de Naturopathie」- botanical remedy extract –
〈活性系〉HAWTHORN EXTRACT 5ml
〈抗酸化系〉RASPBERRY EXTRACT 5ml
〈調整系〉SAGE EXTRACT 5ml
〈鎮静系〉ELDERFLOWER EXTRACT 5ml
→「Maison de Naturopathie」の詳しい内容はP.86を参照。

No.1

一番最初に「植物エキス」を
ブースターエキスとして角質層に届けてあげよう
—— Organic Skincare Technic No.1 ——

角質層まで浸透する「植物・天然エキス」を、化粧水前のブースターエキスに活用。植物から採れる様々な植物エキスは、低分子で浸透率も高い。水抽出エキスでも、油抽出エキスでも、化粧水2〜3プッシュに対して1〜2滴までに止めるとBEST！（導入美容液に1〜2滴混ぜる、または化粧水に加える）最初に浸透させることで、肌が柔らかくなり、その後のスキンケアアイテムの吸収率を高くすることができる。
→ P.46 「植物エキス」を学ぼう

No.2

植物から採れた「水分 (化粧水)」を
肌トラブル別に選んで浸透させよう

—— Organic Skincare Technic No.2 ——

植物から採れる芳香蒸留水や生体水、樹液、液汁などを使用し、栄養価たっぷりの水分で
角質層に潤いをもたらそう。植物や自然界から採れた天然の水分は、精製水とは異なり植
物美容成分がたっぷり。天然素材で低分子のため、浸透性も高く、さらっとした仕上がり
なのでしっかり水分が補給できる。角質が固い肌の方は、先に植物オイルを少量塗ってか
ら、そのあと化粧水でもOK。肌に合わせてどちらを先に塗るのか考えてみて。

→ P.104　Chapter4 Mission2「保湿の基本」について

No.3

素肌のトラブルに適した「植物脂肪酸」を持つ
植物オイルを選んでみよう

—— Organic Skincare Technic No.3 ——

「Maison de Naturopathie」– botanical remedy oil –
〈活性系〉HAMANASU OIL 100ml
〈抗酸化系〉MANDOKOROCHA OIL 100ml
〈調整系〉GETTOU OIL 100ml
〈鎮静系〉BIWANOHA OIL 100ml
「Maison de Naturopathie」の詳しい内容はP.86を参照。

角質層に水分をたっぷり補給したら、すかさず植物の油分を
ON！「BEAUTY BOTANICAL LIST」（P.22）や「素肌トラブル
別のオーガニックスキンケアレシピ」（P.49）を参考に、素肌に必
要な脂肪酸を含む植物油を選んでみよう。植物オイルを素肌がテ
カってしまうほど多く塗るのはNG。浸透してさらっとするくらい
の適量を意識して、水分たっぷりの素肌に重ねていきます。

「保湿」には植物由来の
乳化剤を活用しよう

＜OML product＞人参と木苺生まれのサンケアスキンセラム　60ml

No.4

水分と油分を「乳化」させ保湿を完了させるために
大豆レシチン由来の乳液を活用しよう
—— Organic Skincare Technic No.4 ——

水分と油分を与え、それらが角質層の中で分離しないようにしっ
かり乳化させることで「保湿」が完了します。「保湿」の本来の目
的は、水分をキープすること。つまり、油分だけでは水分をキー
プする蓋の代わりにはなりません。しっかりと乳化させることで
水分だけが蒸発し、夕方にテカってしまう肌を卒業しよう！　さ
らっとした仕上がりになると、保湿は完璧！　スキンケアをして
30分経ってもベタついていたら、油分が多すぎるのかも？

→ P.104　Chapter4 Mission2「保湿の基本」について

No.5

「紫外線」などの外的刺激から素肌を守るために
素肌のままで楽しむベースメイクを覚えよう
—— Organic Skincare Technic No.5 ——

< OML product >
オリジナルフェイスブラシ

「ORGANIC MOTHER LIFE」 OML product
（左）吉野本葛粉生まれのアロールートフェイスパウダー　（右）人参と木苺生まれのサンケアスキンセラム

Point

紫外線ダメージに
負けない肌に育てる

< OML product >
吉野本葛粉生まれの
アロールートフェイスパウダー 10g

< OML product >
人参と木苺生まれの
サンケアスキンセラム 60ml

タマヌオイル　20ml

オプンティアシード
オイル　10ml

「サンケアスキンセラム」の原材料は、ラズベリーシードオイル
の他、キャロットエキス、エーデルワイスエキス、紫根エキスな
ど、どれも歴史的に「日焼け止めの代用品」として使われてきた
歴史があるものばかり。「日焼けしにくい肌作り」をお手伝いで
きたらいいな、と願いを込めて誕生しました。
「アロールートフェイスパウダー」は、つけたままでも眠れるほ
どに優しい仕様で、夜はゆすぐだけでも十分に落とせるので、洗
顔料をお休みすることができます。ポイントメイクだけ植物油で
浮かせて、さっとソープ洗顔をすると良いでしょう。粉末は非常
に細かく多少塗りすぎても白くなることはありません。白さを感
じる人は、量を減らすか顔全体に均等に塗る事ができるブラシを
ご用意していただくと良いでしょう。

「素肌のままでメイクを楽しむ」ためのオーガ
ニックメイクアップライフをご提案しています。
「サンケアスキンセラム」は洗い流す必要はなく、
夜も抗酸化ケアにお役立ていただけます。「ア
ロールートフェイスパウダー」は、お湯でゆす
げば流れるため、石鹸も必要ありません。
→「OML product ラインナップ」の詳細は、P124&126を
参照

Point
素肌のままでメイクを楽しむ

No.6

空っぽの身体に良質なハーブティーとタンチュメールから
「水溶性植物エキス」を浸透させよう
—— Organic Skincare Technic No.6 ——

朝や夜、空っぽの体に浸透させたい"メディカルハーブティー×タンチュメール"。「水溶性の植物エキス」をたっぷりと内側の粘膜からも摂り入れることで、より高い「美容×健康作用」を体感することができます。タンチュメールはより効果を高めたい時や、不調を感じる未病時に活用できるインナーケアエキスです。

「Maison de Naturopathie」 - botanical remedy herbtea -
〈活性系〉HAMANASU HERBTEA 35g
〈抗酸化系〉MANDOKOROCHA HERBTEA 35g
〈調整系〉GETTOU HERBTEA 35g
〈鎮静系〉BIWANOHA HERBTEA 35g
→「Maison de Naturopathie」の詳しい内容はP.86を参照。

Point

内側からも「植物エキス」を
たっぷり与えていこう

1 Week Inner Care Set
Maison de Naturopathie Care

1 **Blend** 〈活性系〉 — 体のバランスを整えたい方へ
HAMANASU HERBTEA×TEINTUREMÈR

2 **Blend** 〈抗酸化系〉 — 若々しさを保ちたい方へ
MANDOKOROCHA HERBTEA×TEINTUREMÈR

3 **Blend** 〈調整系〉 — 女性の悩みをケアしたい方へ
GETTOU HERBTEA×TEINTUREMÈR

4 **Blend** 〈鎮静系〉 — アレルギー体質の方へ
BIWANOHA HERBTEA×TEINTUREMÈR

タンチュメールとは、「ハーブ抽出液」のこと。植物のエキスは化学物質よりも副作用が低く、さまざまな不調に働きかけます。さらに、女性のホルモンバランスケアに効果があることから、フランスではタンチュメールは活用されています。ハーブティーに加えたり、直接飲んだりすることで効果が上がります。

「Maison de Naturopathie」– botanical remedy TEINTUREMÈRE –
〈活性系〉HAMANASU TEINTUREMÈR 150g
〈抗酸化系〉MANDOKOROCHA TEINTUREMÈR 150g
〈調整系〉GETTOU TEINTUREMÈR 150g
〈鎮静系〉BIWANOHA TEINTUREMÈR 150g
→ 「Maison de Naturopathie」の詳しい内容はP.86を参照。

No.7

身体と素肌に植物オイルチャージ！
内側からも良質な脂肪酸をたっぷり取り入れよう。
—— Organic Skincare Technic No.7 ——

Inner Care
ティースプーン一杯を
夜眠る前に飲もう

▶ヘンプオイル（大麻油）

「GLA」（γ-リノレン酸）は必須脂肪酸の一種で、免疫機能や若々しさを保ち、アトピーやアレルギー緩和にも欠かせない重要な栄養素です。免疫系を強化し、ホルモンのバランスをとり、血管が動脈硬化を起こすのを防ぎ、細胞の更新を促進します。規則的に内服していると美しく、抵抗力のある皮膚が作られると言います。"どろっとした血"の改善に役立ち、コレステロールレベルを引き下げることに効果があるため、美容オイルとしてヘンプは適していると言えます。

Skin Care
スキンケアに
オイルを塗布しよう

×

▶フラックスシードオイル（亜麻仁油）

フラックスシードオイルの凄いところは、ほとんど「不飽和脂肪酸」だけで出来ていること。そしてオメガ3（α-リノレン酸）の含有量が多いこと。フラックスシードオイルは「血管系」を強化し、ケアし、赤血球が"自由に往来できる"ようにするスペシャリストです。内服することで様々なスキントラブルを鎮静し、特に刺激で赤くなった肌、炎症を起こした肌、湿疹がでた肌、乾燥肌に効果が出やすいのです。

▶アボカドオイル

アボカドオイルには必須脂肪酸に分類される多価不飽和脂肪酸も多く、オメガ3（α-リノレン酸）・オメガ6（リノール酸）は、美容効果だけでなく生活習慣病の予防に役立つ成分です。さらに、ビタミンA、ビタミンB、ビタミンE、タンパク質、ミネラル、ペクチン、不飽和脂肪酸など、豊富な栄養が含まれています。

飲んで、食べて、美しくなる♡

加熱料理にも強いオイルです

▶ココナッツオイル

お母さんの母乳に豊富に含まれているラウリン酸を持ち、免疫力のない赤ちゃんを守る重要な成分で、強い抗菌作用を持っています。ビタミンEはエイジングケアには欠かせない成分で、抗酸化作用・美白効果・肌を保護するバリア機能などを持ち合わせています。中鎖脂肪酸を含むココナッツオイルにはダイエット効果も期待でき、肌の保湿力を高める働きや、紫外線のダメージを和らげる働きがあります。

・POINT・

肌に塗るだけじゃない
「飲む植物オイル」で素肌を変える
オイルを「飲む」という習慣

・・・・・・・・・・・・・・・・・・・・・・・・・・・・

是非、あなたもこの本をきっかけに始めてみてほしい。一定の量の植物オイル（ティースプーン1〜2杯まで）を、毎朝・毎晩空腹時に飲むことで、インナーケアに役立ちます。

「ベジタブルオイルクレンズジュース」を作ろう

❶搾りたてのレモンジュースをティースプーン"2杯"
❷ジンジャーペッパー or カイエンペッパーを少量
❸新鮮な植物オイルをティースプーン"2杯"
❹1〜3をグラスに入れてかき混ぜ、
　グラス半量のぬるま湯に加えて飲む

NICE♥

▶インカインチオイル

インカインチオイルはα-リノレン酸が50%も含まれており、善玉コレステロール（HDL）を増やして血液をサラサラにしてくれ、血圧を下げる働きをしてくれます。そのことで、生活習慣病や動脈硬化の予防にも役立つのです。また、ダイエットにも効果があると言われています。

オイルの保管注意

多価不飽和脂肪酸（α-リノレン酸やリノール酸系）が多いオイルは酸化が早いため、なるべく容量の少ない小さな瓶で購入し、冷蔵庫で保存してください（箱のある製品の場合はその中に入れて。保存場所は、できればドアポケットではなく、直接冷気が当たらないところで）。開封後は2ヶ月くらいで使い切るのがポイントです。

Technic 2

「活性系・抗酸化系・調整系・鎮静系」とは？

—— Organic Skin Care Technic2 ——

「抗酸化系」植物とは

抗酸化作用が高い植物たち……熟年肌・若年性老化肌

老化＝酸化（加齢）を緩やかにしてくれる植物たち。若い時から紫外線による光老化を意識して対策を行うこと。熟年肌に多いシミやシワ、たるみの原因となる活性酸素に働きかける。

- 代表的な植物油／アルガンオイル、ラズベリーシードオイル（木苺）、キャロットシードオイル（人参）、セサミオイル、オプンティアシードオイル（ウチワサボテン）、シーバックソーンオイル（サジー）、シアバター、モリンガオイル、ティーオイル（茶実）、ライスブランオイル（米糠）、ザクロ種子オイル、マカデミアナッツオイルなど
- 代表的な精油やエキス／エーデルワイスエキス、ローズエキス、ローズマリー葉エキス、ティーリーフエキス（茶葉）、クリスマムマリチマムカルス培養液、ビルベリー葉エキス、赤ジソエキス、ラズベリーエキス、アロエベラ葉エキス、カキエキス、オタネニンジン根エキスなど

「活性系」植物とは

細胞賦活作用や血流促進作用が高い植物たち……熟年肌

皮膚細胞の代謝が滞り傷ついた素肌のターンオーバーを整え、お肌の生まれ変わりを早める。血行を良くすることにより素肌に自然な明るさをもたらすことに役立つ。

- 代表的な植物油／ローズヒップオイル、キャロットシードオイル、アボカドオイル、アルガンオイル、ヘンプシードオイル（麻の実）、イブニングプリムローズオイル（月見草）、ウィートジャームオイル、ブラックカラントシードオイル（カシス）、マカデミアナッツオイル、カメリアオイル（椿）、アルニカオイル、ユズ種子オイルなど
- 代表的な精油やエキス／エーデルワイスエキス、ハマナスエキス、ローズエキス、イングリッシュホーソンエキス、ジンジャーエキス、アーティチョークエキス、コメヌカエキス、クリスマムマリチマムカルス培養液、ユズ種子エキス、ヨーロッパブナ芽エキス、スギナエキス、ハトムギ種子エキスなど

植物オイル美容は
「活性系・抗酸化系・調整系・鎮静系」で見極める

「鎮静系」植物とは

鎮静作用や抗炎症作用が高い植物たち……
敏感・過敏肌（アトピー／アレルギー）・ニキビ肌（大人ニキビや炎症ニキビ）
鎮静作用により素肌の炎症やニキビに働きかけてくれる植物たち。赤みや痒み、炎症が安定し、自然治癒力を阻害することなくトラブルが出にくい素肌へ導く。

- 代表的な植物油／ヘンプシードオイル（麻の実）、タマヌオイル、ローズヒップオイル、オリーブオイル、シーバックソーンオイル（サジー）、スイートアーモンドオイル、ハッカオイルなど
- 代表的な精油やエキス／ラベンダーエキス、カレンデュラエキス、カモミールエキス、セントジョーンズワートエキス、枇杷の葉エキス、エルダーフラワーエキス、ピーチエキス、ヨモギエキス、トドマツ葉エキス、シソ葉エキス、シラカバ樹皮エキス、紫根エキス、メリッサ葉エキス、セイヨウノコギリソウエキス、ゼニアオイ花エキス／ティーツリー、モミなど

「調整系」植物とは

ホルモン系調整作用が高い植物たち……熟年肌・乾燥肌・大人ニキビ
女性ホルモンバランスが整うことで女性らしい素肌になり、キメが整い水分量が多くなることで過剰な皮脂分泌が抑えられ大人ニキビなどのトラブルに働きかけてくれる。また、水分と油分のバランスを整える作用はハーブ全般の得意分野で、乾燥肌にも効果的。

- 代表的な植物油／イブニングプリムローズオイル（月見草）、ブラックカラントシードオイル（カシス）、フラックスシードオイル（亜麻仁油）、ボリジオイルなど
- 代表的な精油やエキス／ローズエキス、月桃エキス、セージエキス、トウキエキス／ジャスミン、ダマスクローズ、クラリセージ、サンダルウッド、セージ、ローズゼラニウム、フランキンセンス、月桃、ゼラニウム、イランイランなど

BEAUTY BOTANICAL LIST

＜活性系＞

―― 細胞賦活作用・血流促進作用・抗糖化作用が高い植物たち ――

ROSA RUGOSA
ハマナス（薔薇）

ハマナスの花にはビタミンCやポリフェノールの一種であるタンニンが豊富に含まれ、コラーゲンの合成をスムーズにし、シワやたるみを防ぐ効果があり、さらにシミやソバカスなどの原因となるメラニン色素の沈着を防ぐ。

ENGLISH HAWTHORN
イングリッシュホーソン（西洋サンザシ）

古くからヨーロッパではハーブとして知られ、神経系に対する穏やかな鎮静剤として用いられていた。美容では肌のくすみを改善し、肌色を健康的な血色にする効果が期待できる。

EVENING PRIMROSE
イブニングプリムローズ（月見草）

γ-リノレン酸は女性ホルモンのバランスをとるとも言われ、PMS、生理痛、更年期障害などにも効果的。アレルギー症状を抑制する作用もあるため、アトピー性皮膚炎やニキビなどの肌トラブルを改善することも。

ROSE HIP
ローズヒップ
（薔薇の果実）

リノール酸が豊富なため、皮膚を再生させる作用に優れていると言われている。怪我などの瘢痕を治癒したり、シワを目立たなくしたり、老化による皮膚の衰えを回復させる効果がある。

ARNICA
アルニカ（ウサギギク）

痛みや炎症を抑える作用があり、筋肉痛や関節炎などを緩和させる。アスリートのマッサージや、老化で生じる関節痛などに利用でき、血流を改善する。ストレッチマーク、筋肉痛や関節痛、炎症、打撲などに有効。

GINGER
ジンジャー（生姜）

生姜を摂取することによって血流が良くなると、代謝がアップする。デトックス効果が促され、体内に溜まった毒素が排出される。さらに、含有される成分「ジンゲロール」には抗酸化作用がある。

ARTICHOKE
アーティチョーク
（チョウセンアザミ）

ターンオーバーが乱れることによって起こる毛穴の開きを改善させ、メラニンによって起こる毛穴の中に溜まった黒ずみを目立たなくさせるという。肌にハリや弾力を与えて、毛穴を目立たなくさせる力も秘めている。

BEAUTY BOTANICAL LIST

＜抗酸化系＞

—— 抗酸化作用・抗糖化作用が高い植物たち ——

JAPANESE TEA LEAF
ティーリーフ
（政所茶／茶葉）

茶カテキンは、紫外線による細胞の酸化を防ぎ、細胞の生命力を維持することで美白効果が期待でき、炎症（日焼け）からの回復を早くする作用も。メラニン色素をつくる「チロシナーゼ」という酵素の働きを抑えることで、シミ、ソバカスを防ぐ。

RASPBERRY SEED
ラズベリーシード（木苺）

天然の日焼け止めとしても人気の成分。濃度や抽出方法によっては、SPF 値が 28 〜 50、PA 値は ++ になることがある。抗酸化作用、アンチエイジング作用にとても優れている。

ARGAN
アルガン

一番の特徴はビタミン E が豊富なこと（オリーブオイルの 4 〜 10 倍に及ぶと言われる）。ビタミン E は天然の防腐剤ともいわれ、抗酸化作用や血行促進、肌のターンオーバーを早める効果がある。

EDELWEISS
エーデルワイス

「抗酸化作用」としてクロロゲン酸、タンニン、ビサボラン誘導体などを含み、肌老化の原因となる酸化を防ぐ高い抗酸化力をもち、シワ・たるみを防ぐ。

PRICKLY PEAR
オプンティアシード
（ウチワサボテン）

リノール酸が多く、ビタミン E が豊富なことから、アンチエイジングに最適。たくさんの太陽の光を浴びても生き続けられるほどの生命力があり、抗酸化力が非常に高い。細胞の再生を促進し、くすみやシミ、日焼けのケアに。

SEA BUCKTHORN
シーバックソーン（沙棘）

カロチノイドやトコフェロールの含有量に優れ、肌の癒痕形成や組織の保護、紫外線や放射線等の外部の刺激から皮膚を保護する作用も。あらゆるエイジング肌に効果的。

CARROT
キャロット（人参）

β - カロテンは強い抗酸化作用をもつ成分の一つで、人参の代表成分。β - カロテンは体内でビタミン A に変換され、肌や髪、爪などの健康を保ち、老化を防ぐ働きをする。さらに、紫外線によって発生する活性酸素を無害化する。

RICE BRAN
ライスブラン（米糠）

「γ - オリザノール」という酸化を抑制する作用を持ち、活性酸素の除去や美白効果を持つ。ビタミン E は抗酸化作用に優れるので、老化防止・アンチエイジングが期待できる。

BEAUTY BOTANICAL LIST

＜鎮静系＞

—— 抗炎症作用・鎮静作用・抗アレルギー作用・抗アトピー作用が高い植物たち ——

LOQUAT LEAF
枇杷の葉

枇杷の葉は非常に高い抗炎症作用と抗菌作用が知られており、民間療法などにも活用されてきた。抗アレルギー効果・抗アトピー効果も期待でき、鎮痛・殺菌作用にも優れる万能成分。

CALENDULA
カレンデュラ（マリーゴールド）

抗炎症作用や創傷治癒作用に優れ、湿疹・青あざ・打撲・切り傷・静脈の損傷・火傷・日焼け・その他の炎症に作用する。ニキビや、粘膜炎症、アレルギー、アトピーの緩和に総合的に活用できる。

ELDER FLOWER
エルダーフラワー（西洋ニワトコ）

抗カタル作用があり、アレルギー症状を緩和し、鎮静作用に優れる代表成分のひとつ。薬効に富み、古くからあらゆる治療に使用され、そのため「庶民の薬箱」や「万能の薬箱」などと呼ばれる。

TAMANU
タマヌ（テリハボク）

抗炎症作用に優れており、火傷の治療に使用している国も。シワを改善したり、肉割れや妊娠線、創傷、湿疹、乾癬、帯状疱疹、アトピーなど、様々な皮膚疾患に効果的。

LAVENDER
ラベンダー

「ハーブの女王」とも呼ばれるハーブの代表で、傷の治療や肌トラブルの改善効果に優れる万能鎮静植物。火傷の炎症も改善する効果を持ち、敏感肌のケアに活用できる。

CHAMOMILE
カモミール（カミツレ）

炎症を鎮める作用や、かゆみを抑える作用があり、ニキビ、火傷、皮膚炎などを緩和してくれる。比較的、敏感肌の人にも使いやすいと言われ、乳幼児にも使用しやすい。

FIR
モミ（マツ）

抗炎症作用、鎮静作用、抗菌作用、殺菌作用があるため、
ニキビの予防・改善に役立つ。香りには森林浴をしている
かのような心を癒すリラックス効果もある。

LITHOSPERMUM ROOT
ムラサキ（紫根）

主成分「シコニン」には抗炎症作用、殺菌作用、解毒作用、
細胞賦活作用などがあり、さまざまな肌トラブルを改善す
る。アトピー性皮膚炎による皮膚損傷の修復にも大きな効
果がある。

HEMP
ヘンプ（麻の実）

必須脂肪酸のリノール酸とα-リノレン酸の割合が３：１
と非常にバランスが良く、免疫力の強化やアレルギー症状
を和らげる働きに優れている。

ST JOHN'S WORT
セントジョーンズワート
（西洋オトギリソウ）

セントジョーンズワートは、
キャリアオイルや薬用のハー
ブとして使用する方が一般
的。肌のトラブルに万能な効
果を示す。乾燥肌や肌荒れ、
ひび割れ、炎症、湿疹などに
有効。火傷、打撲、痛み、傷、
捻挫などの症状を緩和する。

TEA TREE
ティーツリー

細菌性や真菌性の皮膚炎に
効果的。その他炎症を抑え
たり、傷を治す作用がある。
アトピー性皮膚炎や、イボ、
水虫など、皮膚のあらゆる
トラブルに使用される。

MUGWORT
ヨモギ

肌の新陳代謝を高める酵素
を多く含んでいるので、シミ
を薄くし、美白作用が期待
できる。炎症も抑えてくれる
ので、かゆみの伴うニキビ
にも効果的と言われている。

PEACH
ピーチ（桃・桃の葉）

桃の果汁は皮膚代謝促進、沈
静、保湿作用があるといわれ、
桃の葉は成分としてタンニン、
フェノール、アミノ酸、フラ
ボノイドなどを含む。保湿作
用、抗炎症作用、抗酸化作用、
抗菌作用があるとされており、
肌トラブルを防ぐ。

BEAUTY BOTANICAL LIST

<調整系>

────── ホルモン調整作用が高い植物たち ──────

SHELL GINGER
月桃

女性ホルモンのバランスを整えたり、アンチエイジングの美容効果が高い。皮膚の老化を抑えるコラーゲンの生成促進作用や、若返り効果が注目されている。

FRANKINCENSE
フランキンセンス（乳香）

植物エストロゲン作用があり、アンチエイジング効果に優れる。シワ、たるみを改善し、傷ついた皮膚の回復を早める効果が高く、老化してしまった肌の若返りにも効果的。

SAGE
セージ（ヤクヨウサルビア）

セージ精油にはエストロゲンに似た作用があり、女性ホルモンのバランスを整えながら、吹き出物やアレルギーの緩和に役立つ。強い抗菌・抗ウイルス作用を持ったハーブ。

KUDZU
葛

漢方薬の葛根湯の原料にもなっている葛は、大豆と同じくイソフラボンが含まれ、それらに植物エストロゲン作用があることからお肌のハリを保つ働きもあるので、美容にも効果的。

JAPANESE ANGELICA ROOT
当帰（トウキ）

漢方では婦人科領域の主薬であり、優れた抗炎症作用、色素沈着抑制作用、抗シワ作用などがある。女性ホルモンによるトラブルケアに万能な植物。

ROSE GERANIUM
ローズゼラニウム（ニオイテンジクアオイ）

ローズゼラニウムには、女性ホルモンを調整する作用があり、皮脂バランスを整え、老廃物をデトックスしたり、優れた抗炎症作用により吹き出物などの緩和に役立つ。

Chapter 2

基本のオーガニックスキンケアを学ぼう
料理をするように美しい素肌は作れるということ

Study Point 1

「オーガニックコスメ」とは？

オーガニックコスメの定義

「自然由来の成分を中心に配合し、科学的な成分を全く使用せず、
または植物由来のみ使用され、人間の肌が本来持つ自然治癒力を助長、
回復させることに着目したスキンケア用品」と自主的に謳っている化粧品のこと。

肌を「改善」させる＝オーガニックコスメ

特徴……………… 多成分（様々な不調を整える・ひとつでバランスがとれている・肌に合った植物オイル
が肌質を整える・血流が良くなり素肌が明るく見える・トラブルが安定する・ニキビや
赤みが出にくくなるなど、ひとつのコスメで様々な効果がある）

効果……………… 遅効性に優れる（ゆっくり肌質を変えることが得意）

方法……………… 不調のバランスを整える

用途……………… 長期的継続型美容に向いている（日常使用する化粧品に向いている）

スキンケアの特徴 … 抜く美容法（例：乾燥したら洗顔をやめるなど）

副作用…………… 稀に植物アレルギーが起こる可能性あり（好転反応は肌荒れとは異なる）

成分……………… 植物成分・鉱物成分を主に使用

結果……………… 綺麗より「健康」を優先させるため、あとで必ず綺麗がついてくる
（免疫力・自然治癒力の向上）

まとめ

長期的継続型美容として日常使いでのスキンケアに向いており、自然治癒力の向上に
役立ち、余計な肌刺激もないため副作用も少なく、安心して長期利用できる

肌を「変化」させる=ケミカルコスメ

特徴 ················ 単一成分
(一つの症状によく効く/美白剤で一気に白くする/ニキビの炎症を早く鎮めるなど)

効果 ················ 即効性に優れる(すぐに肌を変化させることが得意)

方法 ················ 症状を抑える

用途 ················ 治療&短期的集中型美容に向いている(急性トラブルの緩和に向いている)

スキンケアの特徴 ··· 足す美容法(例:乾燥したらパックを足すなど)

副作用 ··············· 長期間の使用は薬や添加物による健康リスクあり/
添加物オーバー・コスメリバウンドによる健康被害(アトピーやアレルギー等)

成分 ················ 石油系成分を主に使用

結果 ················ 健康より「綺麗」を優先させるため、健康からは遠ざかる(免疫力や自然治癒力の低下)

> **まとめ**
>
> 短期的集中型美容として急性トラブルの鎮静や、大事な日の前などの使用は良いが、
> 日常的に使用することには健康被害の不安あり

化粧品の分類

自然派成分100%

「ワイルドクラフトコスメ」

オーガニックを超える自然農法で作られた、新しいジャンルの化粧品のことです。自然農法とは、肥料や農薬を一切使わないばかりか、不耕起（耕さない）、不除草（除草しない）、不施肥（肥料を与えない）、無農薬（農薬を使用しない）を特徴とする農法です。肌質改善効果はオーガニックコスメと同様ですが、より魅力を持っていると期待されています。

「オーガニックコスメ」
植物原料の「質」を重視

基本的な考え方は下記のナチュラルコスメと同じです。原料の植物原料などにオーガニック認定のものを使用していることが多いのが特徴です。肥料や農薬などの化学合成成分を使用せずに栽培された、有機素材で作られた化粧品のことを指します。素材そのものの効能により、人間が本来持つ自然治癒力を高めつつお肌をケアするのが目的で、お肌への刺激が少ないのが特徴です。そのため、敏感肌用＝即効性が低いと思われがちですが、オーガニックコスメはそもそも植物の成分が濃縮されているため、素肌に合う植物を見つけることができれば、劇的に肌質が整うのです。

「ナチュラルコスメ」
主成分が自然由来

原則として石油合成の原料を使用せず、代わりに植物などの自然由来の成分で作られたコスメです。できる限り動物を殺さずに環境に配慮した原料や製法にこだわっていることが多いのが特徴です。

「無添加コスメ」
旧指定成分を含まない製品

アレルギーなどの皮膚障害を起こす可能性がある、旧表示指定成分といわれる成分を「添加物」と定義し、それを配合していないコスメを指すことが多いのが特徴です。防腐剤や合成色素、石油系界面活性剤などの人工添加物が含まれていない化粧品のことを指します。（自然派コスメと似たものと捉えられがちですが、実は全く違う考えのもの。）

「自然派・天然由来コスメ」

植物成分などを少量でも配合している、天然成分が含まれた化粧品のことを指します。

「従来型高級コスメ」
安定した化学成分が主

石油を精製した鉱物油や水をベースに、特徴的な成分を配合しているものが典型的です。鉱物油は安価で安定性が高く、様々な種類があります。

ケミカル成分100%

有機栽培とは？

化学肥料や農薬を使わないか、極力控えて農作物を栽培する方法です。代わりに有機肥料（堆肥、油かす、牛糞など、合成成分を使わない肥料）を使って、土に栄養を与えます。一般的な農薬を使った場合よりも手間がかかる上に、虫や疫病にもかかりやすいのが難点です。

オーガニックスキンケアで
「ファンデーションを卒業する」ための
フローチャート

First

素肌のバリア機能を壊してしまうダメージスキンケア・
メイクアップアイテムを卒業

（不必要に塗りすぎている刺激の強いケミカルコスメを一旦はできる限り卒業する）

①石油系合成界面活性剤クレンジングでしか落とせない
密着度の高いファンデーションやポイントメイクの卒業
②石油系合成界面活性剤入りの刺激の強いクレンジング・洗顔料の卒業
③紫外線吸収剤や合成ポリマー等を含む日焼け止め・下地化粧品の卒業

Second

自然治癒力を高めるためのオーガニックスキンケアアイテムの選択

（素肌のバリア機能を回復させるために栄養価の高いオーガニックコスメを使用する）

④毛穴の汚れや不要な角質除去のためにクレイを選択
⑤肌質に合った植物オイルやローション・美容液（活性系・抗酸化系・調整系・鎮静系）を選択
⑥水分をキープするための天然由来のバーム系・ジェル系・乳化系の保湿剤を選択

Finish

素肌で健康的に過ごすためのオーガニックサンケア・
メイクアップアイテムの選択

（適度な外的刺激からのバリアを施せるような素肌に負担のないメイクアップアイテムの活用）

⑦紫外線から素肌を守るための落とす必要のない「蓄積型のサンケアスキンセラム」を選択
⑧外的刺激から素肌を守るための落とす必要のない「保湿型のアロールートフェイスパウダー」を選択
⑨素肌の色を生かした「素肌を魅せるメイクアップ（アロールートアンサンブルシリーズ）」を選択

Study Point 2

「植物オイル美容」のメリット
基本のオーガニックスキンケアレシピを学ぼう

「植物」が持つ力、「薬」が持つ力の役割

オーガニック植物オイル美容の魅力は「植物の薬効」にあります。
植物ならではの「多成分」が魅力だと、自然療法の世界では学びます。

「薬」というものは、主に「単一成分」です。
特定の不調にはよく効きますが、たとえば便秘薬で下痢が良くなるということは、普通は起こらないと思うんですね。即効性に優れる代わりに、肌への負担やリスク、副作用も高くなりがちです。しかし、植物のように「多成分」の場合は、特定の不調だけではなく広範囲の不調に対して、様々な成分がバランスを取るように働きかけていきます。それこそ、便秘に良いとされるローズのハーブティーを飲むと下痢がよくなったという方もいるのです。それは、植物に含まれる数多くの栄養素が働きかけ、心と体のバランスを整えるから。多くの成分の「何か」がその人の不調に合った時、効果は現れるといいます。
植物の薬効は「ゆっくり効く」「バランスをとる」からこそ、素肌や身体の自然治癒力を邪魔せず、機能を最大限発揮しつつ改善を手助けしてくれたり、炎症を鎮静したりと、植物ならではのマイルドな薬効を感じることができます。

ORGANIC MOTHER LIFE

—— Counseling Service ——

「ORGANIC MOTHER LIFE 自由が丘新店・鎌倉御成町店」では、植物オイル美容について坂田まことを含めたセラピストたちが無料でカウンセリングを行っています。

薬と植物は違うからこそ、棲み分けて使用する必要がある

< 薬の力 > メリット …………… 単一成分（特定の症状に効果が出やすい）
シンプルに作用が望める（赤みやかゆみを抑えるなど）

デメリット ………… 単一成分のため副作用のリスクあり
主作用が個人差で出ない（もしくは持続しない）
人によって反応がないことがある（効かない）／もしくは副作用がある

<植物の力> メリット …………… 多成分（自然の力で生きているため馴染みやすい）
植物には個性がある
人間に働きかけるレベルが異なる広いバリエーションを持つ

デメリット ………… 精油のような濃厚な物質は禁忌が存在する（濃度に注意する）
メリットをうまく活用できずアレルギーが起きたりする
（湿疹や赤み＝好転反応の場合も）
過敏な時は使用しないという選択も必要
「野草」レベルから「薬草」レベルまで様々な種類がある
人によって反応がないことがある（効かない）／もしくは副作用がある

植物オイルが
あなたの素肌を育てていく

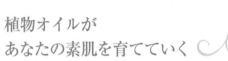

1 植物オイル美容のポイントは「皮脂に似た成分を補う」こと

脂質は「皮脂膜」を構成する大切な成分です。
素肌に必要な脂質に似た成分を「植物オイル」で補うことで、
素肌の再生を促していきます。

2 オイル選びは「良質な必須脂肪酸・栄養素」で考える

「植物オイル」には良質な脂肪酸が含まれ、ビタミン等の栄養素も豊富です。
抗酸化作用でもあるフィトケミカルも魅力的。
それらを毎日皮膚へ塗り込むことで効果を発揮します。
太陽光や乾燥にさらされる外皮を守る脂質としては、
植物も私たちの皮脂と似たような成分を持っているのです。

3 昔からオイルは「スキンケア剤」として活用されていた

科学的技術がない時代からも、植物オイルは「スキンケア剤」として活用されてきました。
ハワイではマカデミアナッツオイルが日焼けから素肌を守るサンオイルに、
インドではセサミオイルが、ヨーロッパではオリーブオイルが
同様の目的で用いられました。

4 オイルが皮膚に働きかける仕組み

皮脂膜は、水分と油分が混ざり合ったエマルジョン（乳化）という形質になっています。
水分や油分と「親和する性質」がありますが、空気に触れると水分は蒸発しやすく
油分は皮脂膜の成分として留まります。

5 オイルは量を付けすぎないこと／時には「乳化」の力に頼ること

植物オイル美容の目的は、「本来あるべき理想的な皮脂膜の形成のアシスト」ですから、
気になるところに数滴で良いのです。足りない時は水分も補いつつ、
時には天然由来の乳化剤の力も借りながら改善を目指します。
皮脂バランスを崩すと、皮膚に住み着く常在菌にも悪影響です。

6 「アレルギー成分」と「栄養素」は隣り合わせ

植物オイルを塗ると、中には稀ですが「植物アレルギー」を起こす方がいます。

7 「好転反応」が起きても焦らない

オーガニックスキンケアを始めると、「好転反応」という症状が現れることがあります。
これまで皮膚の奥に隠れていた「老廃物」たちが、浸透性の良い
植物油の力で活性化してどんどん老廃物が外へ出ていき、
時に「コメド」（面ぽう）などを生み出すことも。

8 素肌トラブルに適した「植物」を選ぼう

素肌トラブルは、十人十色。素肌トラブル別に必要な植物オイルは違うため、
そこをしっかりとセラピストに見極めてもらいましょう。

9 美容作用のある植物は 「活性系・抗酸化系・鎮静系・調整系」に分類される

私たちオーガニックビューティセラピストは、少しでもお客様の素肌にあった
植物オイルが選びやすくなるように、植物が持つ成分で大きく分類し
「活性系・抗酸化系・調整系・鎮静系」に分けて考えています。

Study Point 3

素肌が育つ「脂肪酸スキンケア」

脂肪酸スキンケアとは何か

肌に必要な「脂肪酸」を皮膚へ塗布することで
肌本来の機能をサポートし、健康な皮脂膜を整えるためのスキンケア

　皮脂は「脂肪酸、ロウワックス、スクワレン」のバランスが大切と言われます。脂肪酸スキンケアで
は下記の内容を重視しています。

● 皮脂の役割はたくさんあって、常に適量必要
● 美肌には皮脂のバランスが重要
● 皮脂に近い成分で保湿すれば肌の負担は軽いということ

1. 皮脂構成成分の中で最も重要な役割を占める脂肪酸を与えます。
2. 化粧品にも多く含まれる保湿成分「スクワレン」は皮脂の10%を占めます。
3. 外的刺激から肌を防御するロウ／ワックスロウは、肌の表面をすべすべな手触りにし、
　　高い保湿力で摩擦や寒風などから肌を守ります。

Point

「経皮毒」はなぜ危険なのか？

皮膚を通した物質の侵入は、口を通る経路と違い「内臓を介しません」。

私たちの身体に備わった様々なチェック機構や解毒処理が行われないから「危険」なのです。

毛穴を通過するような物質など本来はそうそうありませんが、
様々な化学物質が氾濫する現代では、オイルはオイルに似た物質、
またオイルでなくとも毛穴より小さな物質も案外すぐ側にあったりします。

このような物質の取り込みが繰り返されると、健康に害をおよぼす可能性があるとして
「経皮毒」として注意を呼びかける専門家もいます。

あなたの肌に必要な脂肪酸を味方につける

私たちの「皮脂」は様々な成分の複合体である

肌表面の角質を柔らかく保つには、人間の皮脂成分に近いといわれる
「植物性オイル」でのケアがおすすめです。

特にホホバオイルやアーモンドオイルは、ワックスエステルやオレイン酸が
豊富で、肌馴染みの良さが特長なので、毎日優しくマッサージすれば
柔らかく潤った肌を実感できるはず。

ここでは、それぞれの植物性オイルがどのような作用を備えているかを紹介します。

抗酸化作用
（ビタミンEなど）

ラズベリーシードオイル、アルガンオイル、キャロットシードオイル、オプンティアシードオイル、サジーオイル、マカデミアナッツオイル、ティーオイル、ザクロ種子オイルなど

瘢痕形成作用
（リノール酸、ビタミンAなど）

ローズヒップオイル、ヘンプシードオイル、ボリジオイル、キャロットシードオイル、イブニングプリムローズオイルなど

紫外線防御作用

アルガンオイル、ライスブランオイル（γ-オリザノール）、ラズベリーシードオイル、サジーオイル、ティーオイル、キャロットシードオイル、セサミオイル、オプンティアシードオイル、モリンガオイル、マカデミアナッツオイルなど

皮膚軟化作用
（オレイン酸など）

アプリコットカーネルオイル、スイートアーモンドオイル、アボカドオイル、アルガンオイル、椿オイル、大豆オイルなど

038

美白作用
（リノール酸、ビタミン C など）

ローズヒップオイル（ビタミン A ＝トランスレチノイン酸）、柚子種子オイル、ライスブランオイル（γ - オリザノール）など

抗アレルギー・アトピー作用
（γ - リノレン酸、α - リノレン酸など）

ヘンプシードオイル、シソオイル、ボリジオイル、イブニングプリムローズオイル、タマヌオイル、ハッカオイルなど

抗シワ作用
（γ - リノレン酸、ビタミン A・C など）

ボリジオイル、バオバブオイル、イブニングプリムローズオイル、ローズヒップオイルなど

乳化作用
（レシチン）

アボカドオイル、大豆オイルなど

抗老化作用
（パルミトレイン酸など）

サジーオイル、マカデミアナッツオイルなど

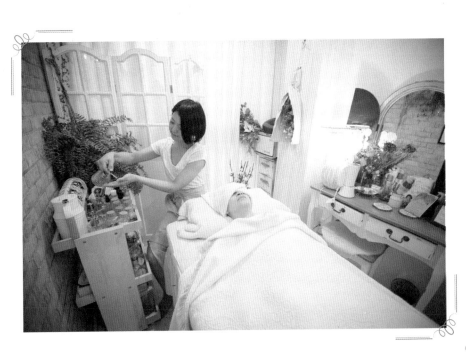

Botanical Oil Beauty

すぐに始められる「植物オイル美容」3 Step

―◆―

そもそも、植物オイルってなんでしょう？
植物油とは、植物に含まれる脂質を、抽出・精製した油脂や油のことで、
「植物油脂」とも呼ばれます。

Step 1 初めて使うなら、まずは「保湿」に

初めて植物オイルを手に取ったあなたにトライしてほしいのは、「手元にある美容液や保湿剤を植物オイルに変える」ということ。美容液には濃厚な訴求成分が含まれますが、中には皮膚バリア機能を壊すような成分や美白作用が強過ぎる医薬成分もあり「効きすぎる」というリスクがある場合も。保湿剤もワセリンやミネラルオイル＝石油系が多く、皮膚負担の高い石油系合成乳化剤が肌に密着する場合はあまり良い状態とは言えません。

Skincare Technic

　まずはシンプルな化粧水をたっぷり塗って、植物オイルをいつもの美容液の代わりに２～３滴塗ってみてね。すーっと浸透する気持ちいい感覚は、たまらない。もし「水分が入りにくい！」と感じるなら、ターンオーバーが遅れて角質肥厚が起きているかも！　そんな方は、先にオイルを１～２滴塗ってから、化粧水→オイルを少し馴染ませてみてね。

　最後に、皮膚の乳化と類似した「大豆レシチン乳化」した乳液を使うと、角質層の中で水分と油分がエマルジョン（乳化）。分離しにくい状態を保持することで日中のテカリや、かさつきをケアできます。

Step2 次に挑戦して欲しいのは「植物オイルクレンジング」

「植物オイルクレンジング」とは、植物オイルの油分でメイクの油分や酸化した皮脂を浮かせ、その後に天然の界面活性剤である石鹸で表面だけをサッと洗い、大切な皮脂を残して洗い流す方法のこと。

自分の皮脂は「最高の美容液」です。

コットンで拭き取る方法もありますが、油剤は水分では拭き取り切れないことがあり、摩擦も心配です。個人的に普段使いにはお勧めしていません。ポイントメイクなら仕方ないですが、顔全体を洗うなら石鹸を泡立てて産毛を撫でるように行います。「つっぱり、さっぱり洗顔をやめる」ことを、私は皮膚の健康のためにも推奨したいのです。やっぱり、良質な分泌皮脂は残したいですよね。おでこのように、皮脂分泌量がある箇所は、皮膚バリアも強く「シミやニキビの跡がない」のです。

"Botanical Oil Cleansing"

ナチュラルなメイクアップは、たっぷりの植物オイルを手に取って浮かせていこう。ポイントメイクが落ちにくい場合は、事前にコットンで拭き取ってからお風呂へ。

＜どんなオイルがベストなの？＞

植物オイルクレンジングにベストなオイルは「ホホバオイル」です。皮脂に類似したワックスエステルを多く含み、表面に残る性質があるためです。ホホバオイルは、植物油ではなく「液状ロウ」の一種。ミツロウなどと同じロウ類のため、表皮の上で蓋代わりになる成分。クレンジングとしては使用しやすい性質が◎。

Face Wash Technic
→ Chapter4 Mission1 (P.98) で紹介しています

Point

植物オイル美容の注意事項

植物オイルでメイクを浮かせる場合、最も大切なポイントは……。

「石油系合成ポリマーやシリコン系ウォータープルーフの下地やファンデーションなど、
被膜の強いポイントメイクは落ちません」ということ。

"それって何？どうやって見極めるの？" と、思いますよね。実は落ちにくいメイクアップや
ハリの出るクリームや乳液にはたっぷり使用されております……。
そのため、それらのメイクアップやスキンケアを使用しているのに、クレンジングだけを先に
植物オイルクレンジングに変えても意味がない上に、
肌に酸化した石油系油剤が残ってしまい逆効果なんです。
「染料」を使用したポイントメイクにも気をつけて！
一番わかりやすいのは「オーガニックメイクアップ」系のポイントメイクやベースメイクを選ぶこと。
石鹸で落とせるタイプなら、問題はありません。

Step3 「日焼け止めの代わり」に使ってみる

　植物オイルには、確かに日焼け止め効果が存在します。

　天然の油脂は紫外線の強い環境下でも耐えられるような「抗酸化作用」や「紫外線耐久効果」を持つことが多く、暑い国のオイルにはその特徴が見られます。

　例えば、「サンケアスキンセラム」のメイン成分である、サジーオイルやヨーロッパキイチゴ種子油、コメヌカオイル、シアオイルには紫外線吸収作用や抗酸化作用があったりと、様々な効能が日常紫外線のダメージから肌を守ります。最近注目している「タマヌオイル」もこれらの効果を持ち合わせているので、炎症しやすい肌の人も安心して使用できます。

Sun care skin serum
&
Arrowroot face powder

いよいよあなたも「日焼け止め」と
「ファンデーションを卒業」できるチャンス！

あなたも植物オイル美容を通じて「日焼け止め」と「ファンデーション」を卒業してみよう

<OML product> サンケアスキンセラム、アロールートフェイスパウダー、オリジナルフェイスブラシ

044

紫外線吸収剤を使用した場合

紫外線を吸収して化学反応を起こし熱に変える

化学反応＝肌への刺激！

紫外線吸収剤は、肌の上で浴びた紫外線を吸収剤に吸収して化学反応させることによって、肌に届く紫外線をカットします。その際、肌が敏感な方はまれに刺激を感じることがあります。

紫外線散乱剤を使用した場合

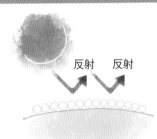

反射　　反射

紫外線を反射させて、肌に通さない

紫外線拡散剤は、粉末表面で紫外線を反射・散乱させて紫外線をカットします。そのため肌への刺激は少ないと言われています。

紫外線吸収剤や紫外線散乱剤とは別物!?

「紫外線吸収剤の日焼け止め＝吸収して化学反応をさせカットする！」のような効果を天然の植物オイルに期待してはいけません。それらの効果とは、全く別物の効果です。

天然オイルの紫外線耐久効果は、抗酸化や抗炎症や抗糖化作用から成り、あくまでも「日焼けのダメージを受けにくい肌を事前に作る」そして「ダメージを受けた肌を早く鎮静し重症化させない＝シミやシワを防ぐ」こと。

Botanical Extract

「植物エキス」を学ぼう

Botanical Extract

　植物エキスは、多種多様な有効成分を含んでおり、水やエタノールや BG などの溶媒（物質を溶かす液体）で抽出して得られるものです。つまり、すでに何か他の溶剤に浸されて、薄まっているわけです。それが、"1％〜"の割合で様々なオーガニックコスメに使用され、製品ラベルやパッケージに記載されている「成分表記」では『エキス』と表記されます。しかし、その化粧品の成分表に例えば 5 種のエキスが使用されていたとして、全てが「1％濃度」なら、一般的な印象が良い植物の順にメーカーが自由に並べることができます。たくさん植物エキスが入っているコスメも、実は全て「1％濃度」などということもあり、決して効果が薄いわけではないのですが、すでに薄まっているものをさらに薄めていくので、当然「即効性」は落ちていきます。

　だだ、一方の意見としては、植物エキスは 1％濃度以下であっても、単体または複数の植物エキスを組み合わせ、相加効果または相乗効果を得ることができるという研究結果もあります。

　ですが、1％という数字は少ないのかというとそんなことはありません。また、角質層までしか浸透していないのかというと、これも正しい知識ではありません。植物エキスには、化学やエビデンスが追いついていない効果も多く存在するのです。

　そこで私は、より安全に、植物エキスを高濃度で使用できる「オイル美容コスメ」を企画しました。それが「Maison de Naturopathie」OIL & EXTRACT Series です（P.86 〜で紹介）。

＜植物の乾燥素材＞

溶剤が「水」の場合はハーブティー（水溶性成分）
溶剤が「オイル」なら、浸出油（油溶性成分）
別名を「インフューズドオイル」や「マセレーションオイル」
溶媒が「アルコール」なら、チンキ（水溶性＋油溶性成分）

溶剤が何かで名称が変わります。
それぞれ別物と思われやすいのですが
全て化粧品の世界では「植物エキス」と表示されています。

Point

「溶剤」で全てが決まる

溶剤に何を使用しているかで、オーガニックエキスとしての質が変わります。有機栽培で育てられたハーブを使用していても、溶剤が石油系の BG などの場合、有機植物から抽出したエキスと石油系成分が混ざってしまうのです。植物エキスの質は、「どんな溶剤を使用しているか」で決まると言っても過言ではありません。中には特殊な技術を使用して溶剤を使用しない「真空抽出」などを行う工場もあり、植物エキスの質や濃度は実に様々です。

Chapter 3

【素肌トラブル別】
オーガニックスキンケアレシピ
料理をするように美しい素肌は作れるということ

「Maison de Naturopathie」New Product

Organic
Skincare Recipe

Case 1

ニキビ肌・吹き出物肌

Acne ／ Pimple

ニキビ肌・吹き出物肌改善のゴールは、皮膚を柔らかく、柔軟性を持たせ、
内側から女性ホルモンバランスを整えるケアに徹底的に向き合うこと。

ニキビには、抗菌・抗炎症作用のある【鎮静系】植物たちが
抜群の効果を発揮してくれることが分かっています。
【活性系】の植物たちだとさらに活性化して、白ニキビが出来たりとトラブルが落ち着かないのです。
鎮静系の「抗菌・抗炎症作用」が特徴の植物オイルを合わせると、
ニキビの赤みやかゆみなどの炎症が沈静化されます。
乾燥によって角質の水分量が減ると、バリア機能が低下するため、
よりニキビの発生に拍車がかかります。
ホルモンバランスの正常化と保湿がとても大切です。

Acne Care Chart
—— ニキビの悪化プロセスとスキンケアフローチャート ——

ニキビには、抗菌・抗炎症作用のある「鎮静系植物」たちが、
抜群の効果を発揮してくれることが分かっています。

┌ ニキビの種類 ┐

1／白色のぷくっとした吹き出物（白ニキビ）ができる

●白ニキビは、皮脂が毛穴につまった状態。ポツンとした小さな白い点に見え、見逃してしまう場合も。皮膚の内側では、毛包（もうほう）が広がるとともに、アクネ菌が増え始めます。

< Skincare Technic >
●この頃に行うオーガニックスキンケアは、「鎮静／調整系のオイル・ローション」に切り替え始める時期。普段は（活性／抗酸化系）を使っている人も、白ニキビが現れたら（鎮静／調整系）に即時に切り替えよう。アクネ菌が増え始めた頃は「摩擦・刺激はご法度」！！潰すと余計に悪化する恐れあり。摩擦のある洗顔や角質ケア、密閉する様なメイクは避けて。

2／黒色に変化（黒ニキビ）していく＝このときはまだ初期段階

●黒ニキビは、白ニキビの毛穴が開き、メラニン色素や酸化された皮脂などによって黒く見える状態。

< Skincare Technic >
●この頃に行うオーガニックスキンケアは、摩擦を与えずに「酸化した皮脂や不要な汚れ」を取り除きたい時期。こんな時に活用できるのは「イオン交換力」のあるクレイパック。マイナスの電子をたっぷり与えて酸化を遅らせ、余計な皮脂や汚れを吸着したいのです（個人的にはグリーンクレイがおすすめ）。肌が弱い方はホワイトクレイから始めてみて。

3／赤い丘疹（赤ニキビ）ができる

●赤ニキビは、白ニキビが悪化して炎症が起きた状態。毛包（もうほう）では、増殖したアクネ菌が盛んに活動しています。炎症を引き起こすさまざまな物質が、このときにつくられてしまいます。

< Skincare Technic >
●この頃に行うオーガニックスキンケアは、決して余計なことをせず、静かに見守って治す時期。「赤みを帯びてきた＝炎症＝"治し始めた合図"」です。そして、皮膚がもとに戻ろうとする機能が低下していることによって、新しい皮膚が十分に作られず、血液の流れが滞ってしまっていることが原因で赤く見えます。ただ炎症が酷くなると跡が残ってしまうため「鎮静／調整系スキンケア」に加えて「FRESH／ティートリークリーム」をポンッと載せて眠ると、個人差はありますが3日ほどで赤みが穏やかに。

4／膿疱（黄ニキビ）ができる

●黄ニキビは、赤ニキビがさらに悪化し、炎症が激しくなった状態。ニキビのてっぺんに黄色い膿が見えるため、黄ニキビといわれたりします。

< Skincare Technic >

●この頃に行うオーガニックスキンケアは、ニキビの炎症がピーク時に！ こうなったら素人の知識で「どうにかしよう！」なんて、絶対に思わないこと！！ ファンデーションとコンシーラー、日焼け止めも極力控えて。「鎮静／調整系スキンケア」＋「FRESH ／ティートリークリーム」をポンッと載せて、継続して引くのを見守ってください。

5／痂皮（かさぶた）ができる

●痂皮（かひ／ crust）とは、皮膚が損傷したとき、その部位の表面から浸出した血漿や炎症細胞、壊死塊などの血液成分が固まったものを指します。

< Skincare Technic >

●この頃に行うオーガニックスキンケアは、簡単。絶対に「めくらないで」!! かさぶたを取ってしまうと色素沈着の原因になります。かゆみを伴うこともありますが、冷水で冷やすなどして刺激を与えないこと。ファンデーション、コンシーラーなども控えたほうがいいでしょう。

6／嚢腫（紫ニキビ）ができる

●紫ニキビは、毛穴のなかで炎症を起こした「赤ニキビ」がさらに悪化した状態です。結節性ニキビや嚢腫とも呼ばれ、固くごわついていたり、触れるとゴリゴリと芯を感じたりするのが特徴です。

< Skincare Technic >

●この頃に行うオーガニックスキンケアは、異常自体が起き始めています。スキンケアはもちろん「鎮静／調整系スキンケア」＋「FRESH ／ティートリークリーム」で良いのですが、クレイや洗顔もお休みしてとにかく安静に。ひどい時は「女性ホルモンのアンバランス」を疑って。痛みや痒みがあれば、自己判断せずに病院で治療するのもあり。ホルモンバランスを整える「生活習慣」を再確認し、一時的でもいいので、早寝、糖質制限、ノーファンデで過ごそう。

7／瘢痕（クレーター）ができる

●毛穴のまわりの組織も壊されてしまい、元に戻らずにニキビ痕（あと）として残ることがある。（クレーターのように凹んだものなど）

< Skincare Technic >

●この頃に行うオーガニックスキンケアは、ゆっくり2〜3年かかってでも「目立たなくなる」ように毛穴の周りの皮膚を柔らかく肥やし、柔軟性のある皮膚を取り戻す努力を諦めないことが大切。無くならなくても「限りなく目立たなくなった」人を何人も見てきました。赤みが無くなったら瘢痕形成作用・ターンオーバー促進・細胞代謝作用のある「活性系オイルやローション」に切り替え、肌代謝の促進に集中できる時期です。

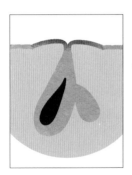

8／色素沈着ができる

●色素沈着（黒ずみ・シミ）が残ってしまう場合は、ニキビができている時、つまり肌に異常がある時に紫外線に当たり、肌の奥にメラニン色素が残ってしまうことが原因です。

< Skincare Technie >

●この頃に行うオーガニックスキンケアは、メラニンが過剰分泌しない様に「肌の抗酸化／抗炎症」を意識すること。「活性系＋抗酸化系」を強化して肌の酸化を食い止め、色素沈着予防効果のある美白系エキスを活用しよう。『サンケアスキンセラム』での日焼け前後のケアも決して忘れないで。

Point

ニキビができない肌にするために、どのような事に気を付けたら良いでしょう？

それぞれのタイミングでの注意事項、ケア方法とは？

1. メイク落とし・洗顔

まずは摩擦を最小限に。いつも通りのクレンジングや洗顔は、炎症を加速させてしまうかも。ニキビのある箇所は、摩擦を一切与えないくらいのつもりで洗顔すること（ニキビの箇所だけベースメイクを休み、クレンジングを避けるのも良い）。

2. クレイ、酵素洗顔、ピーリングを用いる場合

クレイは、鉱物が水と反応して起こす「イオン交換作用」や「デトックス作用」を活用するため、ペースト状にして載せておくだけで毛穴汚れを吸着し、炎症を穏やかに。酵素洗顔は、「タンパク質分解酵素」があるため、ニキビに赤みがある時は控えましょう。ピーリングは刺激が強く皮膚が薄くなりがちなので普段の使用はお勧めしていません。

3. 保湿の方法

毛穴を塞ぎがちな鉱物油ベースのクリームや美容液は使用せず、「鎮静系＝抗炎症・抗菌・抗アレルギー系」のオーガニックコスメを選びます。仕上げには、軽めの抗炎症系乳液や、ティーツリーを含む天然成分由来のクリームを活用して、しっかりと角質層内の水分と油分を乳化させること。ただ蓋をするだけでは、保湿になりません。

4. 食事の注意点

糖質が多い食事は、一度リセットしたほうが良いでしょう。白砂糖は特に危険。知らずに飲み物や、外食、持ち帰りのお惣菜などで白砂糖を日々摂取している人が多いのです。1週間でも良いので、白砂糖を絶つことも考えてみて。

5. 運動の注意点

顔の毛穴から汗をかく習慣を無くしていませんか？ 岩盤浴やヨガなども良いですが、できるだけ毎日汗をかきたいので、半身浴や軽めのランニングなどを毎日できると良いでしょう。難しい場合は、できるだけ毎日半身浴＋週1〜2回のランニングやトレーニングでも構いません。

6. ニキビ専用化粧品の注意点

ニキビ用として市販されているものは、アルコール分が非常に高く、殺菌系の成分や薬用成分が含まれています。大半の成人女性のニキビは、ホルモンバランスや食事の乱れから起こるもので、アクネ菌をむやみに殺菌すると他の常在菌もバランスを崩してしまいます。「さっぱり＝ニキビケア」は卒業して、適切な鎮静系の保湿を心がけてください。

Organic
Botanical Recipe

ニキビ肌・吹き出物肌改善のためのボタニカルレシピについて

ニキビの原因は実に様々です。その中でもより多くの方が関連するトラブル原因を紹介します。

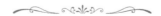

1. 皮膚の乾燥と硬化
（硬くなった毛穴に皮脂や老廃物が詰まり炎症を起こす）

2. ホルモンバランスの乱れ
（女性ホルモンの減少、またはプロゲステロンの増加）

3. 糖質量の多い食事
（血中の糖質量が多くニキビの原因に）

4. 密封力のあるメイクやスキンケアの常用
（毛穴を物理的に塞ぐことで悪化）

5. 過度な洗浄と刺激
（汚れと思って過度に洗ったり、潰したり、無意識に触る）

まずは肌の安静を保ちつつ、ニキビ・吹き出物に効果的な植物エキスを知ろう。

紫根エキス（鎮静系／植物エキス）

シコニン、アセチルシコニンに抗炎症、肉芽形成促進作用など
の創傷治癒促進作用があり、紫根を主薬とした紫雲膏は火傷
や凍瘡、痔などの外用薬として有名です。漢方では、清熱涼血・
解毒・透疹の効能があり、水痘や麻疹の初期、紫斑、黄疸、吐血、
鼻血、血尿、腫れ物などに用いたり、湿疹や外陰部の炎症に
外用したりします。

枇杷の葉エキス（鎮静系／植物エキス）

「枇杷の葉エキス」は殺菌・消毒・鎮痛の効果があると言われ
ています。虫刺されや口内炎の治療、化粧水としてニキビ予防・
乾燥肌にも効果が期待できます。ニキビ・蚊に刺され・頭皮湿
疹・あせもに効果を示します。

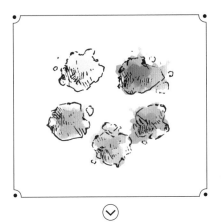

クレイパウダー（鉱物）

クレイとは「泥」、正確には「粘土」のこと。シリカ（ケイ素）とアルミニウムが主成分の鉱物で、マイナスの電気を多く持ち、デトックスや活性酸素・静電気の除去、ケガの修復を早める、自律神経を整えるなど、様々な働きをもたらしてくれます。

ホホバオイル（植物オイル／ロウ類）

黄金色の液体の未精製タイプ「ゴールデンホホバオイル」を選ぶこと。オレイン酸の含有量が少なく、アクネ菌のエサになりにくいことが特徴です。皮脂成分と類似したワックスエステルを持ち、皮膚表面の保湿にも役立ちます。

ティーツリー（鎮静系／精油・植物エキス）

ティーツリーの精油には、殺菌力と肌荒れをケアする作用、そして抗ニキビ作用があります。吹き出物の原因となるアクネ菌に直接働きかけて皮膚の表面を殺菌します。

ラベンダー（鎮静系／精油・植物エキス）

「ラベンダー」は、ラテン語で「洗う」という意味をもつほど、鎮静・抗炎症作用、洗浄力に優れているうえ、ブレンドしたほかの精油の作用を高める効果もあります。ラベンダー精油のこの効果は「シナジー効果」と呼ばれています。

Organic
Skincare × Cosmetic Recipe

「抗炎症＋抗菌＋ホルモン調整」の化粧品を活用し、
決して摩擦を与えないようにしましょう。
大切なことは、炎症を穏やかにして、抗菌し、乾燥させないこと。

「オイル＝ニキビができる」という先入観がある人が多いと思いますが、それは間違っています。逆に、ニキビを予防するための有効なオイルはたくさんあります。

　ニキビができたからといって、アルコールがたっぷり配合された化粧水を使ったり、角質ケアなどを行ったりしていると、水分や油分が取り除かれ過ぎて、毛穴は開いてより油が出やすくなり、ますます油っぽくなる＆ニキビが悪化する……ということに繋がります。

　その選定基準は「オレイン酸」含有量です。

　オレイン酸の含有量が多いものを塗りすぎると、アクネ菌のエサになることがあります。ニキビができやすい人や、現状少しでもニキビのある人は、**オレイン酸「含有量の多い」オイル**を使用しない、使いすぎないことをお勧めします。

オーガニックマザーライフではニキビのケアには「ゴールデンホホバオイル」を選ぶことが多いです。オレイン酸含有量が少なく、アクネ菌のエサになりにくいことが特徴です。「ティートリークリーム」(FRESH)は、殺菌力と肌荒れをケアする作用、そして抗ニキビ作用があるティーツリーをたっぷりと含みます。

左／ FRESH ティートリークリーム（適量：小豆大）
右／ホリスティア ゴールデンホホバオイル（適量：1〜2滴）

鎮静力と調整力を持つ紫根エキスや、枇杷の葉エキスを活用したスキンケアで、肌の炎症を抑えつつ、保湿を徹底しよう。

左／ MURASAKIno ORGANIC ムラサキノトナー
　　（適量：1〜2プッシュ）
中左／ MURASAKIno ORGANIC ムラサキノセラム
　　（適量：1〜2プッシュ）
中右／ Maison de Naturopathie ＜ BIWANOHA OIL ＞
　　（適量：1〜2プッシュ）
右／ MURASAKIno ORGANIC
　　ムラサキノオイル（適量：1〜2プッシュ）

クレイのイオン交換作用を上手く活用して、週2−3回のクレイパックケアは部分的でもいいので継続しておきましょう。ニキビの赤みが引いたなど、即効性を感じやすい粘土療法の一つで、ニキビには「グリーンクレイ」がお勧めです。

左／ clargile クレイル 70g ／ 1kg
右／ ROSES DE BIO ホワイトウォッシュパック

Point

「思春期ニキビ」or「大人ニキビ」の違い・対処法

1. 年齢の違い／ 10 代 or 20 代
2. できやすい場所の違い／ T ゾーン or U ゾーン
3. 時期の違い／春夏 or 一年中
4. 原因の違い／過剰な皮脂 or 女性ホルモンバランスの乱れ、免疫力の低下、古い角質の蓄積
5. 対処方法の違い／皮脂を取っても OK or 皮脂を取り過ぎない

Organic
Skincare Recipe

Case 2

—

アトピー肌・アレルギー肌
Atopic／Allergies

アトピー肌・アレルギー肌改善のゴールは、
保湿された健康的な素肌をキープできるようになること。

Makoto's Message......

アトピーを良くしたい。
アトピーを治したい。
そう思って、オーガニックコスメや
エステに、辿りつく方も
多いのではないでしょうか？

ORGANIC MOTHER LIFE のエステにも、多くの方が同じ悩みを持って来店しています。
私もいまだに「かゆみが治る化粧品を開発したい」と思うくらいに、
体調によって合う合わないもあり、
"これだ！"というコスメが見当たらない中で、苦しむことが多くあります。
アトピーという名称の由来は「特定されていない」「奇妙な」という
意味のギリシャ語「アトポス」(atopos - a= 否定、topos= 由来) であり、
「原因不明の皮膚炎」と呼ばれています。
これまで多くの医者に、私の背中を見てもらってきましたが、やはり答えは同じ。

「アトピー性皮膚炎ですね。ステロイドとヒルドイドを出しておきます。朝晩患部に塗ってください。」
でした。それなりに親身になってくれた医者もいましたが、
やはりそれは改善には至りませんでした。
アトピーについては、治る治らないの基準が
曖昧なことがあるので、私はこう思っています。

アトピー肌・アレルギー肌改善のゴールは「保湿された健康的な素肌を
常にキープできるようになること」。

そのために、日々の意識を変えていかなくてはいけません。
日々のスキンケアや生活習慣の中に、
改善の糸口は確かに存在するのです。

――坂田まこと

Case Study

かゆみのメカニズムとは？

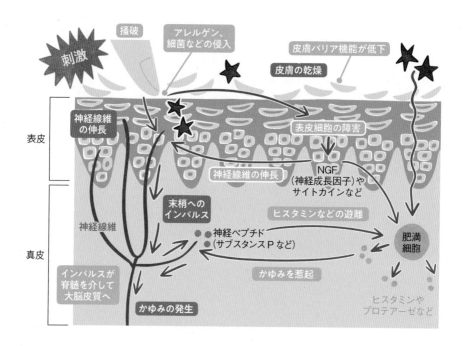

1／ 乾燥した皮膚では、バリア機能が低下し、同時に物理的刺激（掻くこと）または細菌や
アレルゲンなど化学的刺激によって、かゆみの神経線維が活性化し表皮まで伸びてきます。

2／ 表皮内に神経線維が伸長すると、知覚受容体が増加し、
外部からの刺激を感じやすくなりかゆみが発生しやすくなります。

3／ 皮膚を掻いてしまい、さらに皮膚表面の角層を破壊してバリア機能を低下させ、
かゆみと掻くことの悪循環が発生します。

4／ 皮膚を掻くとサイトカインなどを産生し、これらがますます神経線維の伸長を促進させ、
また一方で真皮内の肥満細胞からかゆみの原因物質である「ヒスタミンの放出」を誘導します。

5／ 大脳皮質へと伝達され、「かゆみ」が知覚されます。

「かゆみ」とは何か？

◆ ◆ ◆

　私たちにとって「痛み」や「かゆみ」は大切な皮膚感覚です。かゆみは、痛みとよく比較され、両者とも神経を伝わって感じることから、かつては「痛みの神経が感じる弱い痛みがかゆみである」と考えられていました。私たちは経験的に「痛み」は、皮膚だけでなく体の内部でも感じることを知っていますが「かゆみ」は体内の臓器では感じません。かゆみを引き起こす物質として「ヒスタミン」が有名ですが、ヒスタミンが神経に働くと脳でかゆいと感じます。

　一端、かゆみが生じると、私たちはかゆい場所を引っ掻きます。本能的に「掻くと楽になる」ことが、赤ちゃんでも分かっています。掻くと最初は気持ちが良いですが、その後は痛みが生じるために掻くことを止め、同時にかゆみも鎮まります。

　最近の研究で、皮膚から脳へ感覚情報を伝える中継地点の脊髄のなかで、「痛みの神経回路」は「かゆみを伝える神経回路」を抑制することが明らかにされました。

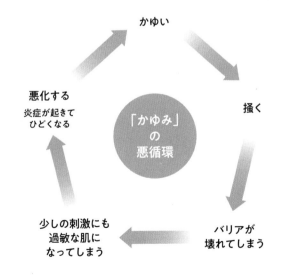

Organic Skincare Recipe

アトピー肌・アレルギー肌改善のためのスキンケア習慣について

オーガニックプロダクトは
浴室で活用できるものが多い！

角質層に水分がたっぷり含まれる
「浴室内」で、全身の
オイル保湿習慣を始めてみよう。

「乾燥肌」を直さないことには、何も始まらない。

　何よりも先に「乾燥肌」を改善させてほしい。ドライスキンが持つ「セラミド不足」は深刻な問題。
私は大前提として「入浴前後のケア」が重要だと思っています。

保湿剤を塗る「ベストタイミング」＋絶対に身につけてほしい「習慣」

　一番注意すべき＋効果を感じるタイミングは「入浴の前後」です。
　お風呂上がりは、皮膚の角質層の水分量も非常に多いです。乾燥肌の人でも、お風呂上がりだけはしっ
とりしているでしょう。経皮吸収率も良いタイミングなので、浴室の中でしっかりと「保湿」する。皮
膚が吸収した水分を逃さないためにも、かゆみ肌に身につけてほしい習慣を紹介します。

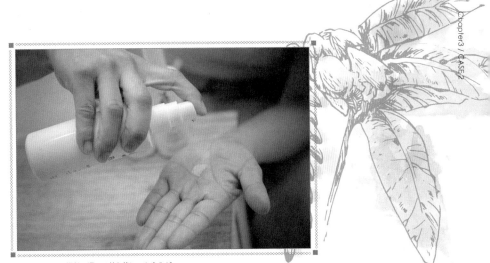

ボディオイルは、湯船に浸かる前と後に、かゆみが
伴うところに塗ってあげること。乾いた肌に塗るよ
りも、湿った肌に塗る方が、摩擦もなく良く浸透します。

「Maison de Naturopathie」＜ BIWANOHA
OIL ＞は、民間療法で使用されていること
でも有名な「枇杷の葉」をたっぷり漬け込
んだ贅沢なインフューズドオイル。

①濡れている間に特にお風呂上がりは必ず毎回オイル＋クリームで「保湿する」。

②朝も、着替える前に「保湿」する。

③熱いお湯に長時間浸からない。38 〜 39℃のお湯で、かゆいところはオイル＋クリームで
　保湿をしてから浸かる（酸性や塩の温泉は、悪化することが多い）。

④かゆいときは、冷蔵庫で冷やしておいた「濡れた手ぬぐい」でその箇所を冷やす。

⑤塗るときは、絶対に「摩擦を与えない」こと。タオルで拭くときも、
　絶対にかゆいところはこすらない。押さえて体を拭くように。

⑥入浴前もかゆいときはオイルを塗ってから入る（シャワーだけでも）。

これらの習慣は、最低でも身につけるようにしてください。
濡れた肌は、放っておかないように。乾燥して、かゆみが増してしまいます。

Organic
Botanical Recipe

アトピー肌・アレルギー肌改善のためのボタニカルレシピについて

化粧品や花粉などが皮膚に触れると、皮膚が刺激として認識します。その刺激によって皮膚に存在する肥満細胞がヒスタミンを分泌し、そのヒスタミンが知覚神経に作用することでかゆみが起こり、毛細血管に作用することで赤みが起こります（接触性皮膚炎）。顔のかゆみやかぶれの原因は人によって様々ですが、大きくは次の2つに分けられます。

> 1. 花粉やアレルゲン、汗、紫外線などの外的要因による刺激
> 2. ストレスなどの内的要因による肌のバリア機能の乱れ

夏から秋、冬から春にかけての季節の変わり目はバリア機能が低下するので、特に症状が出やすい時期です。この時期に、かゆみやかぶれなどの症状が出たり、肌が不安定で敏感になってしまうお肌のことを、一般的に「ゆらぎ肌」と言います。植物たちの力を借りてケアしていきましょう。

タマヌ
（鎮静系／植物オイル）

タマヌオイルは、「天然の万能薬」「森の薬局」などと言われる美容効果の高い天然オイルで、ハワイを含む太平洋の島々では古くから伝統薬として、ニキビ、湿疹、乾燥肌、虫刺され、切り傷、擦り傷、火傷、刺し傷などに幅広く使われています。オイルにおいては「ビタミンE」などによる抗酸化作用、「カロフィロリード」による抗炎症作用などが報告され、別名「カロフィラムオイル」とも呼ばれます。

枇杷の葉
（鎮静系／植物エキス）

枇杷の葉に含まれる「タンニン」は、細胞の繁殖を抑制するので、皮膚疾患やかぶれなどに効果的とされてきました。ヒスタミン遊離抑制による抗瘙痒作用も見つかっています。枇杷の葉を煎じて採れる「枇杷の葉煎出液」も、気管支炎や喘息、風邪のひき始め、内臓、その他痛みに効果があり内側からアレルギー系の軽減効果があるとされています。

紫根
（鎮静系／植物エキス）

シコニン、アセチルシコニンに抗炎症、肉芽形成促進作用などの創傷治癒促進作用があり、紫根を主薬とした紫雲膏は火傷や凍瘡、痔などの外用薬として有名です。漢方では、清熱涼血・解毒・透疹の効能があり、水痘や麻疹の初期、紫斑、黄疸、吐血、鼻血、血尿、腫れ物などに用いたり、湿疹や外陰部の炎症に外用したりしています。

Maison de Naturopathie 原料製造時の様子

—— FACTO KARATSU COSMETIC FACTORYにて ——

「枇杷の葉エキス」＋「ヨモギエキス」が持つ
ヒスタミン遊離抑制による抗炎症作用とは？

「ヒスタミンの遊離を抑制すること」でかゆみを軽減・抑制することが、明らかになっています。ヨモギ
エキスや枇杷の葉エキスにおけるヒスタミン遊離抑制作用は、複数の報告によって明らかにされており
「ヒスタミン遊離抑制作用」が認められているのです。

ヨモギ葉
（鎮静系／植物エキス）

ヨモギエキスには、上記で紹介して
いるようなヒスタミン遊離抑制による
抗炎症作用、アトピー性皮膚炎改善
作用があり、これがアトピーやアレル
ギーによるかゆみの軽減に役立つと
言われています。

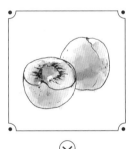

桃の葉／花
（鎮静系／植物エキス）

桃の葉も枇杷の葉と同様に抗菌・抗
炎症作用に優れ、「タンニン」が含ま
れることから皮膚疾患やかぶれなどに
効果的とされてきました。日本では桃
の葉は浴湯料としてよく知られ、刻ん
だ葉を風呂に入れて夏場のあせもや
湿疹、かぶれ、荒れ症などに、またフ
ケ症には葉の煎液での洗髪などに応
用されています。

ヘンプ
（鎮静系／植物オイル）

「奇跡のオイル」と賞賛されたヘンプ
オイル。ヘンプオイルには血行を促
進し、新陳代謝を活発にするα-リノ
レン酸が20％も含まれており、かつ
希少なγ-リノレン酸も含んでいます。
アレルギー誘発物質が一切入ってお
らず、免疫機能や若々しさを保つ希
少な「GLA」がバリア機能を高めます。

Organic
Cosmetic Recipe

「鎮静系」タイプを主にセレクトした、アトピー肌・アレルギー肌改善のための
オーガニック×ソーシャルコスメレシピを掲載しています。

アトピーやアレルギーの人に使って欲しい「鎮静系の植物オイル」たち。たっ
ぷりの化粧水の後にほどよく浸透させて。様々な脂肪酸を味方につけて日々
のケアでオイルを多用する。植物オイルは1回に塗る種類を2種類くらい
までにして、量は与えすぎずに日々の肌に合わせて使い分けること。

左／Maison de Naturopathie ＜BIWANOHA OIL＞（適量：1〜2プッシュ）
中左／Hemp Forest グリーンヘンプオイル（適量：1〜2プッシュ）
中央／MURASAKIno ORGANIC ムラサキノオイル（適量：1〜2プッシュ）
中右／QUON バイタルエッセンス（適量：1〜2滴）
右／naure タマヌオイル（適量：1〜2滴）

体のかゆみや乾燥に悩む人にオススメして
いるボディケアラインの「鎮静系の植物オ
イル」たち。お風呂上がり、浴室の中で湿っ
た肌に塗ってあげよう。

左／ Maison de Naturopathie
　　　< BIWANOHA OIL >（適量：1〜2プッシュ）
中／ naure タマヌボディオイル
　　　（適量：1〜2プッシュ）
右／FRESH アンチイッチジェル
　　　（オイル後に膜を張るように）

フェイシャルのかゆみや極度の乾燥に悩む
方に使って欲しい〈鎮静系の植物オイル〉
たち。水分保持力の高い大豆レシチンや
ホホバオイルを味方につけて。シコンエキ
スや枇杷の葉エキスが炎症を抑えてくれま
す。

左／MURASAKIno ORGANIC ムラサキノトナー
　　　（適量：1〜2プッシュ）
中左／MURASAKIno ORGANIC ムラサキノセラム
　　　（適量：1〜2プッシュ）
中右／Maison de Naturopathie
　　　< BIWANOHA OIL >（適量：1〜2プッシュ）
右／MURASAKIno ORGANIC ムラサキノオイル
　　　（適量：1〜2プッシュ）

ヒスタミン遊離抑制がある、赤みやかゆみ
に働きかけてくれるヨモギ葉エキスを含む
濃厚なオイルバーム。乾燥やかゆみが気に
なる箇所に浸透させて。

THERA ソリッドオイル ketsu（お好みの量で）

Organic
Skincare Recipe

Case 3

—

シミ肌・日焼け肌
Blemish ／ Sunburn

シミ肌・日焼け肌改善のゴールは、天然の皮脂分泌を正常化させ、
抗酸化・抗炎症・抗糖化ケアに徹底的に向き合うこと。

Makoto's Message……

> 一年中、日焼け止めを塗らずに
> 過ごせるようになったのは、
> 「自分の皮脂が最高の日焼け止めクリーム」と
> 気づいたから。

つまり、「額にはシミができない」ことから、皮脂バリア機能をしっかり備えて
「抗酸化・抗炎症・抗糖化対策」を日々のスキンケアの中で常に意識し、
インナーケアとアウターケア両方のアプローチで「光老化対策」をする。
そして、直射日光はできる限りカバーし、太陽と共に人生を楽しく生きていくこと。

> 1. 「抗酸化・抗炎症・抗糖化対策」ケアを
>   インナーケア・アウターケア共に1年中意識をする
>
> 2. 「自分の皮脂は最高の美容液」
>   つまり天然の日焼け止めクリームです
>
> 3. 「予防美容」を意識する
>   シミができにくい肌に整えていくこと
>
> 4. 出来てしまったシミや黒化には
>   美白成分や活性系植物を活用する

シンプルにこの4つだけを
まずは1年間継続することが基本です。

シミ肌や日焼け肌の改善には
「抗酸化・抗炎症・抗糖化対策」が必要不可欠。
日焼け止めだけで大丈夫、と思っていませんか？

———坂田まこと

< OML product >
人参と木苺生まれの
サンケアスキンセラム

069

Case Study (No.1)

シミの種類を知ろう

1／老人性色素斑

日光性黒子ともいい、紫外線の影響でできるもので主に頬骨の高い部分に1センチ大くらいまでの丸い色素ができ、はじめは薄い茶色をしていますが次第に濃くはっきりとしてきます。

< Skincare Technic >
表皮にできたシミはターンオーバーの正常化を促すスキンケアや、抗酸化系、活性系の植物エキスやコスメ、クレイパックの利用で薄くなることがあります。

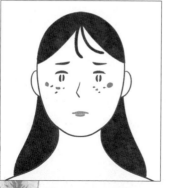

2／脂漏性角化症

先ほどの老人性色素斑から、次第にイボのように盛り上がってきたものをこう呼びます。よく見ると表面はボツボツしています。手の甲などにできる茶色いシミもこれに相当するものが多いです。

< Skincare Technic >
一般的には改善する方法として「レーザー治療」しかないと言われています。老人性色素斑との見極めが難しいので、同じスキンケア対策を続けましょう。

3／炎症後色素沈着

ニキビ痕や傷の痕などが茶色くシミになって残ったもの。足にできた虫刺されがしばらくシミのようになって消えないことがありますが、それも同じものです。またムダ毛を毛抜きで抜いていると毛穴の周りが黒くなることがありますが、これも炎症後色素沈着です。無理に抜くことで毛穴が炎症を起こしているのです。

< Skincare Technic >
メラニン生成を抑える「チロシナーゼ抑制効果」のある植物エキスを使用。活性系×抗酸化系オイルやローション、美白と保湿、UV対策を強化する（跡が残ったところを絶対に日焼けさせない）。

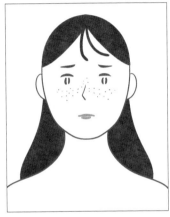

4／雀卵斑（ソバカス）

一般的には小さいシミのことをソバカスと呼んでいますが、厳密には遺伝的なもののみソバカスといいます。10代の頃からでき始め、小さい茶色い色素斑が鼻を中心に散らばるようにできます。白人はとても多いのですが日本人でも色白の人に比較的多く見られます。

< Skincare Technic >
レーザーで治療すれば綺麗に取ることができますが、美白化粧品の効き目はあまり良くないようです。ただ、濃くなるのは紫外線の影響もあるので、「チロシナーゼ抑制効果」のある植物エキスを使用すること。

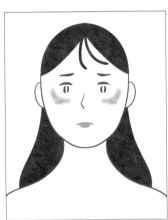

5／肝斑

頬骨の部分にモヤモヤと左右対称にできることが多く、色は茶色、灰色などさまざまです。鼻の下や額に出ることもあります。肝という字を使いますが、肝臓とは関係なく、女性ホルモンのバランスが崩れたときにできると言われます。そのため妊娠中、ピルを服用したとき、また更年期の人によく見られます。

< Skincare Technic >
化粧品だけでのケアでは難しい症状になります。レーザー治療も不向きで、「トラネキサム酸」という薬を数ヶ月服用すると薄くなることが多いです。ただ、閉経後には薄くなることも。スキンケアでは活性系だけでなく調整系のエキスやコスメも活用していこう。

ONE POINT ADVICE

女性ホルモンを整えて「肌の明るさ」を底上げしよう

シミのケアに必要な知識として「女性ホルモンバランス」のケアを忘れずに。特に肝斑はホルモンバランスが影響しやすいのです。女性ホルモンを整えるだけでも、白肌に繋がります。ハーブティーなどでのインナーケアがおすすめです。

Maison de Naturopathie < GETTOU TEINTUREMÉRE × HERB TEA >

Organic
Skincare × Cosmetic Recipe

シミ肌・日焼け肌改善のためのスキンケア習慣とお勧めのコスメについて

Case Study No.2

「日焼け反応／皮膚内部での反応プロセス」から考えるオーガニックサンケア理論とは？

ORGANIC MOTHER LIFE が考える、全く新しい〈日焼け対策〉の理論です。

「予防美容スキンケア」のひとつとして、蓄積型のサンケア美容液は必須アイテムです。そして、老化の８割を占める「光老化」の対策が必要不可欠に。日焼けする過程で、それぞれ効果的なスキンケアポイントがあります。

1／日焼け前の予防美容

日焼けをする前に、常日頃から「抗酸化・抗炎症・抗糖化対策」が必須。
万能的で1年を通して使用して欲しい「日焼けケア美容液」がお勧めです。

＜このタイミングでのスキンケアとは？＞

日焼けのダメージを受けにくい素肌に整えておくために「予防美容」を徹底する時期。
抗酸化・抗炎症・抗糖化成分を味方につけて、日々のスキンケアで肌を強く育てておきましょう。

左　／naure タマヌオイル
　　　（適量：1～2滴）
中左／OML product サンケアスキンセラム
　　　（適量：1～2滴）
中右／Argandor アルガンオイル
　　　（適量：2～3滴）
右　／カシーボ　オプンティアシードオイル
　　　（適量：2～3滴）

2／日焼け後24時間

強いUVB(中波長紫外線)を受けた皮膚では、最初に「サンバーン」が起こります。
炎症による「赤み・腫れ」は、日焼け後24時間でピークを迎えます。

＜このタイミングでのスキンケアとは？＞

日焼け後の「炎症」をまずは軽減する時期。美白を強化したいところですが、
この時期はまだ皮膚も薄く、不全角化状態。高濃度な美容成分よりも、まずは
鎮静系・抗炎症系の植物エキスを味方につけて。

左　／MURASAKIno ORGANIC ムラサキノトナー
　　　（適量：3～4プッシュ）
中左／MURASAKIno ORGANIC ムラサキノセラム
　　　（適量：2～3プッシュ）
中右／Maison de Naturopathie
　　　＜ BIWANOHA OIL ＞
　　　（適量：1～2プッシュ）
右　／MURASAKIno ORGANIC ムラサキノオイル
　　　（適量：1～2プッシュ）

3／日焼け後１週間以内

やがて「赤み・腫れ」が治まってきた頃、その炎症がきっかけで、
メラノサイトが活発にメラニンを作り始めるため、肌の色が徐々に黒化していきます。
これを「サンタン（遅延黒化）」といいますが、この黒化は約１週間以内にピークに達します。
また、炎症は紫外線によって傷ついた皮膚組織の修復を早める合図にもなっています。
そのため、表皮の細胞分裂が加速されて、新しい組織の構築が急速に進み、傷ついた組織は剥がれていきます。

＜このタイミングでのスキンケアとは？＞

日焼け後の「黒化」が始まる時期。「チロシナーゼ抑制効果」を持つ植物エキスを味方につけて、
メラノサイトで生産されるメラニン色素の過剰生産を防ぐことが大切です。そして黒化し始めた
角層の美白、代謝促進をするために「活性系・美白系」の植物エキスやコスメを活用しよう。

Natural Sun Care Cosmetics

左→右
QUON インデプスエッセンス（適量：２〜３滴）
SHUNOBI コメヌカブライトニング美容原液（適量：２〜３滴）
rosa rugosa セラム（適量：１〜２滴）
MURASAKIno ORGANIC ムラサキノオイル（適量：１〜２プッシュ）
ROSES DE BIO ブラッディローズジェリー（適量：１〜２プッシュ）
Maison de Naturopathie ＜HAMANASU OIL＞（適量：１〜２プッシュ）
OML product サンケアスキンセラム（適量：１〜２プッシュ）

左 ／ KOME LAB 日本酒酵母エキス原液
（適量：2～3滴）
中左／SHUNOBI コメヌカブライトニング美容原液
（適量：2～3滴）
中右／Maison de Naturopathie
＜ RASPBERRY EXTRACT ＞（適量：1～2滴）
右 ／ HAMOC エーデルワイスエキス
（適量：1～2滴）

Point
植物エキス単体を使用する
時は、導入美容液または化
粧水に加えて塗ろう。

Maison de Naturopathie
＜ MANDOKOROCHA OIL ＞
（適量：1～2プッシュ）

4日／日焼け後1週間～3ヶ月

組織修復のために新生される表皮細胞は、本来のバリア力のある角質層を形成できないため、皮膚は乾燥して硬く、透明感のない状態になりがちです。日焼け後、肌の「乾燥」や「皮剥け」が起こるのはこのためです。日焼けから1週間前後で肌の乾燥がピークに。また、皮剥けがやや遅れてピークに達します。
肌の「乾燥」はその後しばらく続きます。日焼け前の状態まで回復するのに、2～3ヶ月を要します。こういった一連の変化の中で、肌の黒化は3ヶ月を経ても、日焼け前の状態には戻らないことがあります。

THERA kampo ソリッドオイル
ki ／ ketsu ／ sui

＜このタイミングでのスキンケアとは？＞

保湿を強化する時期に突入します。普段よりも皮脂膜や角質層が薄く、水分が蒸発しやすい不全角化状態の皮膚は水分をキープできません。しっかりと「大豆レシチン乳化」の乳液や、ミツロウやシアバターなどの保湿力の高いバーム・クリームを活用しよう。

Organic Botanical Recipe

シミ肌・日焼け肌改善のためのボタニカルレシピについて

　　シミには、抗酸化・抗炎症・抗糖化作用のある「抗酸化系×活性系×鎮静系」ボタニカルエキスたちが、抜群の効果を発揮してくれることが分かっています。「弱い紫外線ダメージの蓄積＝活性酸素の発生」が、じわじわと皮膚内角質層で核の中の DNA や細胞膜を傷つけ、シミの原因を作り、真皮内で膠原繊維（コラーゲン）や弾性繊維（エラスチン）を断裂させることでシワやたるみを作ってしまうのです。急に焼けない＝ダメージがない、ではありません。紫外線ダメージは、長期間積み重なって肌に悪影響をおよぼします。肌の代謝を促すために不可欠なのは、バランスのよい栄養素を摂取することです。特に肌の免疫力と抵抗力を高めるビタミンＡ・Ｃ・Ｅやたんぱく質をたっぷり摂りましょう。毎日のスキンケアと食事から植物栄養素を取り入れることで透明感のある素肌に導くことができます。

ラズベリー
（抗酸化系／植物エキス）

天然の日焼け止めとしても人気のエキスです。濃度や抽出方法によってはSPF 値が 28 ～ 50、PA 値は ++ になることがあります。抗酸化作用やアンチエイジング作用にとても優れているのが特長です。

政所茶
（抗酸化系／植物エキス）

茶カテキンは、紫外線による細胞の酸化を防ぎ、細胞の代謝を維持することで肌に透明感をもたらし、炎症（日焼け）からの回復を早めます。メラニン色素をつくる「チロシナーゼ」という酵素の働きを抑えることで、シミ、ソバカスになるのを防ぎます。

ハマナス
（活性系／植物エキス）

ハマナスの花にはビタミンＣやポリフェノールの一種であるタンニンが豊富に含まれ、コラーゲンの合成をスムーズにし、シワやたるみを防ぐ効果があります。さらにシミやソバカスなどの原因となるメラニン色素の沈着を防ぎます。

Inner care

～肌の生まれ変わりを促し「透明素肌」へ～
アウターケア&インナーケアアドバイス

漢方薬局から生まれたサプリメントや、Maison de Naturopathieから生まれた
メディカルハーブティーやタンチュメールを活用しよう。

ビタミン C

特徴：美白還元効果を高める

高い抗酸化力で肌の力を底上げ
メラニンを阻害して白肌に

植物の 美白成分

特徴：肌代謝を整えて透明素肌へ

植物が持つ独自の
美白成分を味方につけて明るい肌へ

ビタミン B2・B6

特徴：肌の生まれ変わりを促す

肌のターンオーバーを促して
美白と同時にニキビ予防

IERU
ハーバルサプリメント ビューティ

ハトムギたっぷりの漢方由来の美容サプリメント。

Maison de Naturopathie
< MANDOKOROCHA TEINTUREMÈRE / HERBTEA >

インナーケアアイテムとして政所茶エキスをたっぷりチャージ。

シーバックソーン
（抗酸化系／植物オイル・植物エキス）

「チベットの伝統ハーブ」と呼ばれ、
サジーのオイルは肌を紫外線などによ
る乾燥から保護し、キメやハリを与え
て透きとおる肌感を保ちます。脂肪酸
はオメガ3、6、9にビタミンA、E
が含有され、吹き出物や日焼け肌の
皮膚再生能力に優れています。

ユズ種子
（活性系／植物油・植物エキス）

ユズ種子から抽出されたオイルやエキ
スには、メラニンを合成する酵素の一
つである「チロシナーゼ」の活性を阻
害する効果があります。肌の美白効
果として多くのコスメに活用されてい
ます。

エーデルワイス
（抗酸化系／植物エキス）

エーデルワイスは「アルプスの女王」
とも呼ばれています。シミ・ソバカス
などの色素沈着の原因となる酵素「チ
ロシナーゼ」を抑制する働きがありま
す。コラーゲンやヒアルロン酸を分解
する酵素を抑制し、肌細胞を保護して
くれます。

Organic
Skincare Recipe

Case 4

—

毛穴肌
Pores

毛穴肌改善のゴールは、多少毛穴が開いていても、ザラつきもなく目立たない、
「限りなく自然な状態」に戻すこと。

Makoto's Message……

> 毛穴を目立たないようにしたい。
> 角栓がつまらないようにしたい。

毛穴肌の改善には途方も無い時間がかかります。
これは乾燥や小ジワなどの表皮のトラブルだけでなく、
真皮層（ターンオーバー／5～6年）の戦いだから。
深く傷ついた毛穴のケアには、それなりの「知識」と「忍耐」が必要です。
何故なら、毛穴はぽっかり動かないクレーターになるまで
ずっと「生きている」からです。常に皮脂を分泌し、
排泄しようと生きているから、素人の知識でその機能を止めたり、
狂わせたりしてはいけません。

オーガニックスキンケアの基本は、
肌の本来の自然治癒力や代謝機能を「一切妨げず」にケアすることが大前提。
余計な成分を使用してでも「即効性だけ」を求めるなら
オーガニックコスメである必要はないかもしれません。
「健康」を最優先したスキンケアがしたいなら、
ここで紹介している方法を是非参考にして欲しいと思います。

毛穴肌改善のゴールは「多少毛穴が開いていても、
ザラつきもなく目立たない、限りなく自然な状態に戻すこと」。

そのために、日々の意識を変えていかなくてはいけません。
日々のスキンケアや生活習慣の中に、
改善の糸口は確かに存在するのです。

——坂田まこと

毛穴の種類について

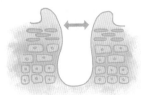

すり鉢状になる

1／開き毛穴

ターンオーバーが乱れ毛穴がすり鉢状に陥没、
または盛り上がった状態。
凹凸が影を作り目立ちやすい。

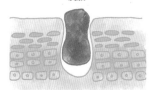

皮脂

2／居座り毛穴

古い角質や過剰な皮脂が蓄積して角栓化した状態。
角栓が酸化やメラニン色素の沈着で黒ずむことも。

3／たるみ毛穴

ハリや弾力が失われ、開いた毛穴が涙型に伸びた状態。
これらがつながると、たるみジワの原因に。

Case Study

毛穴が目立つ 7 つの原因とは?

毛穴が目立つ原因は以下の 7 種類あります。

1. 角質のターンオーバー異常による毛穴の開き
2. 皮脂分泌過剰による毛穴の開き
3. 乾燥による毛穴の開き
4. 毛穴周囲のメラニン色素沈着による毛穴の目立ち
5. いじり過ぎやニキビ跡による毛穴の開き
6. たるみに伴う毛穴の開き
7. 「毛」そのものによる毛穴の目立ち

Point
**毛穴ケアにオススメな
スキンケアセット**

奥／ clargile クレイル
左／ ROSES DE BIO　ホワイトウォッシュパック
中左／明日 わたしは柿の木にのぼる　フェミニンミスト
中央／明日 わたしは柿の木にのぼる　フェミニンオイル
中右／ ROSES DE BIO ローズオブローズ
右／明日 わたしは柿の木にのぼる　フェミニンミルク

「不飽和遊離脂肪酸」で
毛穴が悪化する？

◆ ◆ ◆

　毛穴が目立つ人の皮脂中には「オレイン酸」や「パルミトレイン酸」などの不飽和遊離脂肪酸が多く含まれていて、実際に人の顔面皮膚に塗布したところキメが荒れて肌荒れを誘引したことが報告されています……。

　「不飽和遊離脂肪酸を多く含む油脂＝肌（毛穴）に悪い」とは、実はあまり正しい情報ではなく、植物油全般に含まれる「オレイン酸」やマカデミアナッツオイル等に含まれる「パルミトレイン酸」、これらの油脂が数％程度含まれているコスメはむしろ、肌に良い影響を与えてくれます。

　毛穴が悪化する原因は、本当に「不飽和遊離脂肪酸」だったのかを考えた時、どちらかというと「皮膚刺激の累積」の方がよほど原因になる可能性が高いです。改善しない理由＝不飽和遊離脂肪酸だ！！というのはすごく勿体のない考え方で、もっとフォーカスすべきスキンケアの間違いは山ほどあります。

　ただ「脂肪酸が増えすぎると皮膚刺激になる」というのは有名な話で、私も常々「オイルは1-2プッシュまで」と伝えており、オーガニック植物オイル美容は「テカらない、浸透する量を守ること」を徹底してほしいのです。

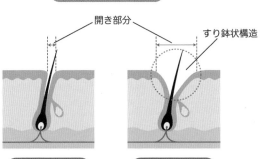

「毛穴が開く」とは？

開き部分　　　　　　　すり鉢状構造

目立たない毛穴　　　目立つ毛穴

Organic Skincare Recipe

毛穴肌改善のためのスキンケア習慣について

「刺激的なスキンケア」を直さないことには何も始まらない

　まずは、何よりも先に「無謀な角質ケア」を改善してほしいと思います。

　気にしすぎることから起こる「余計な摩擦」や「皮膚を削るような角質ケア」をまずは卒業することです。

　自然にターンオーバーできる環境を整え、クレイなどの適度な汚れの吸着や「活性系」植物オイルやエキスを活用した保湿＋ターンオーバーの促進を地道に続け、毛穴に詰まり落ち込んでしまうような密着度の高い下地やファンデーション、日焼け止めの使用を控えることを私はまずはお勧めしたいのです。

～ Clay Skincare ～

毛穴対策に最適な「クレイ」について

「クレイル」のオーガニッククレイは、水に溶いてペースト状にすることで、
毛穴の汚れを吸着する効果を発揮します。
入浴時に使用することが乾きにくくなるポイントです。

クレイの使い方

まずは精製水またはナチュラルミネラルウォーターを用いて、
クレイを水に溶いてみましょう。主なクレイの種類と水分の割合は以下の通りです。

◆ホワイトカオリン／敏感肌・乾燥肌・傷の修復 (水分量：75%)
◆グリーンイライト／ニキビ肌・デトックス・脂性肌 (水分量：60%)
◆イエローイライト／細菌・真菌性のトラブルをお持ちの方・たるみが気になる方 (水分量：60%)
◆ブルーモンモリオナイト／くすみや老化肌・栄養不足の肌・傷跡のケア (水分量：100%)
◆レッドイライト／ボディ用クレイのためフェイシャルには使用しないこと (水分量：60%)

クレイの使用量

フェイシャルパック　60g ～ 70g
目・口に乗せない場合 80g ～ 90g
目・口に乗せる場合 140g ～ 150g
首・耳の後ろまで乗せる場合　160g ～ 180g

Organic
Botanical Recipe

毛穴肌改善のためのボタニカルレシピについて

　程よい角質ケアには「クレイパック＋活性系植物オイル美容」がお勧めです。大切なことは「お肌のバリアを壊すことなく、汚れをしっかり落とす」こと。

　定期的なケアとして「クレイ」を活用しましょう。汚れ、皮脂、不要な角質を吸着除去し、代わりに水分とミネラルをお肌に与えるパックです。

　クレイの「イオン交換作用」を上手く活用した週2〜3回のクレイパックケアは、部分的でもいいので継続しましょう。

Point

無知識な角質ケアや、過度な酵素洗顔などで自分の「皮脂」を取り去ったり、「摩擦」を与えてしまうことで起こる「角質肥厚」を避けて、常に毛穴の周りを「柔らかい収縮性」のある状態にしておいてほしいのです。

クレイを使うことで得られる効果

◎美容面（外側）における働き
吸着作用による皮膚表面の汚れの除去、
吸収作用による体にとって不要なもの（膿や炎症など）の除去、
収れん作用による毛穴の引き締め、
瘢痕形成作用（皮膚の再生治癒力を高める）による傷跡の修復、
血行促進によるくすみケア、ターンオーバーの正常化、
保水力を回復し水分保持能力を高める、皮脂バランスの正常化など

◎体調面（内面）における働き
デトックス作用、浸透圧調整作用、代謝促進作用、血行促進作用、
免疫活性化作用、静電気の中和など

デリケートゾーンのケアには
"明日 わたしは柿の木にのぼる"を
愛用しています♪

「明日 わたしは柿の木にのぼる」は、女性のデリケートゾーンケア用に生まれた商品です。これらに含まれる「カキタンニン」成分が、タンパク質収縮・凝固作用＝収れん作用となり、毛穴ケアにも役立ちます。フェミニンミスト＋フェミニンオイル＋フェミニンミルクで毛穴肌対策の保湿に最適です！

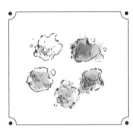

1／クレイパウダー（鉱物）

クレイとは「泥」、正確には「粘土」のことを指します。シリカ（ケイ素）とアルミニウムが主成分の鉱物で、マイナスの電気を多く持ち、デトックス作用、活性酸素・静電気の除去、ケガの修復を早める、自律神経を整えるなど、様々な働きをもたらしてくれます。

2／柿（抗酸化系／植物エキス）

柿に含まれる「カキタンニン」は、口に入れると強い渋味を感じますが、これはカキタンニンが舌や口腔粘膜のタンパク質と結合し、タンパク質を収縮・凝固させることに起因しており、毛穴の収れん作用があることから、主に「毛穴を引き締める目的」で化粧品などに配合されます。

3／ローズヒップ（活性系／植物エキス・植物オイル）

皮膚再生作用、皮膚軟化作用、創傷治癒作用、抗炎症作用などに優れ、深く傷ついた「毛穴肌」や「クレーター肌」に効果を発揮します。ローズヒップオイルはリノール酸が豊富なため、「皮膚を再生させる作用」に優れていると言われています。

4／アーティチョーク（活性系／植物エキス♪）

アーティチョークは薬用ハーブとしての歴史は古く、肝機能の促進や利胆（胆汁分泌促進）の目的で飲まれ、シナリンやシナロピクリンが働きます。外用薬としてもその活性力故に色素沈着抑制作用、抗炎症作用、毛穴引き締め作用が認められています。

MAISON
de
NATUROPATHIE
Japanese
botanical remedy series

あなたの素肌と身体に、そっと寄り添うだけ

「Maison de Naturopathie」は、自然栽培の植物の残渣、産業廃棄物、
地方創生に繋がる国産素材などから生まれた
Japanese social × organic × ethical × naturopathy product。
濃厚な国産薬草のインフューズドボタニカルオイル、エキス、ハーブティー、タンチュメールが誕生しました。

M.D.N EXTRACT

「EXTRACT」は、素肌に必要な植物エキスを選び、
植物オイルの前にブースターエキスとして浸透させる
だけ。化粧水または導入美容液に、1〜2滴混ぜて、
素肌に馴染ませましょう。

M.D.N OIL

「OIL」は、国産植物の濃厚なインフューズドオイル（抽
出油）。素肌に必要な植物オイルを選び、化粧水の前
または後に適度馴染ませるだけ。顔から足の先まで浸
透させましょう。

M.D.N HERBTEA

「HERBTEA」は、身体に必要なメディカルハーブ
を選び、朝と晩に沸騰したお湯で2-3分浸出させ
て飲むだけ。日々内側からも植物エキスをたっぷ
りといただくことが大切です。

M.D.N
TEINTUREMÈRE

「TEINTUREMÈRE」は、身体に必要なタンチュメー
ルを選び、不調を感じる時にハーブティに適量加え
るだけ。またはそのまま飲むことで（水に加えても
OK）、より濃厚な植物エキスを摂ることができる優
れものです。

M.D.N HAMANASU series

北海道浦幌町の道花であり、農薬・化学肥料不使用で育てた
ハマナスの花弁から作られました。
「顔の見える製品」として北海道・浦幌町の人々とこの製品は繋がっています。

MAISON DE NATUROPATHIE

HAMANASU STORY

ハマナスの物語

HAMANASU HISTORY......

北海道・浦幌町の花「ハマナス」の花弁からつくられました。このハマナスの栽培は、町内の主婦の方々をはじめ、たくさんの人に支えられています。

東は丘陵、南は太平洋に面した南北に長い街で、夏が訪れると、浦幌町の海沿いは鮮やかな紅紫色に染まります。自然豊かな街ですが、いまでは過疎化が進み、働き口の減少などの問題が起こっているのだそう。そこで、持続可能な地域づくりを目指し、地域活性化に取り組む「株式会社ciokay」が立ち上がり、このハマナスを守り続けています。

ハマナスは原種のバラであり、ビタミンCの供給源として花びらを煎じて飲み、気持ちを落ち着かせるハーブとして香気を身につけ、秋に色づく果実を疲労回復に効く食料としていたなど、諸説が口承されています。

HAMANASU BEAUTY【活性系】

女性特有の悩みを整えてくれる
バラの原種の一つ「ハマナス」

ハマナスの花には、ビタミンCやポリフェノールの一種であるタンニンが豊富に含まれています。ビタミンCにはコラーゲンの合成をスムーズにし、シワやたるみを防ぐ効果があり、さらにシミやソバカスなどの原因となるメラニン色素の沈着を防ぐことで、本来の透明感のある肌を維持してくれます。また、タンニンには肌を引き締める効果があります。

M.D.N MANDOKOROCHA series

捨てられるはずの残渣の枝と葉を使用。
滋賀県東近江市政所町にて自然農で生まれた「幻の銘茶」です。
「顔の見える製品」として滋賀県・政所の農家さんとこの製品は繋がっています。

MAISON DE NATUROPATHIE

MANDOKOROCHA STORY

政所茶の物語

MANDOKOROCHA HISTORY......

　政所茶の歴史は古く、数百年前から宇治茶の数十倍の価値があり、天皇家や貴族にだけ献上されてきたお茶です。

政所茶は、茶葉に丸みがあり肉厚なのが特徴です。また、茶樹は挿し木で増やしたものではなく、種から育てられた在来種。同じ畑の中でも一本一本の姿かたちは微妙に異なっています。この様々な個性を持つ茶葉が、政所茶独特の味わいを生み出しています。

　含有されるカテキンはポリフェノールの一種で、主にお茶の苦渋味成分です。活性酸素は毒性があり、体内の細胞を酸化させ、老化や病気の原因になりますが、抗酸化作用とはその活性酸素を除去する働きで、老化や病気の予防に役立ちます。カテキンは毒性のあるスーパーオキシドや一重項酸素と言われる活性酸素を無毒化します。

MANDOKOROCHA BEAUTY 【抗酸化系】

美肌を守りぬく"茶葉"
茶カテキンが紫外線による
乾燥などのダメージから素肌を守り
うるおいのある美しい素肌へ

茶葉のエキスには、消炎作用、抗酸化作用、抗菌作用、収れん作用、色素沈着抑制作用があり、飲むことで、コレステロール吸収阻害、抗菌、抗ウィルス作用をはじめ、最近の機能性研究では抗がん作用、体脂肪低減作用などが報告されています。

M.D.N BIWANOHA series

佐賀県多久市生まれの捨てられるはずの葉を使用。
枇杷の葉は古くから「大薬王樹」と呼ばれ、民間療法などにも活用されてきました。
「顔の見える製品」として佐賀県・多久市の農家さんとこの製品は繋がっています。

MAISON DE NATUROPATHIE

BIWANOHA STORY

枇杷の葉の物語

BIWANOHA HISTORY......

　この枇杷の葉は、佐賀県多久市にある枇杷農家からいただいたもの。多くの地域は高齢化し、地方では多くの耕作放棄地も増え、大きな社会問題になっています。

多久市にも使われていない大きな屋敷が多く、倉庫のようになってしまった家もたくさんあるようでした。佐賀県には多くの枇杷農家があり、枇杷の生命力はとても高いため、放っておいても生きていくことができるそうです。

　そんな枇杷の葉を使った手当てを「枇杷の葉療法」といい、昔から自然療法の一つとして活用されてきました。枇杷の葉を直接患部に貼ることで少しずつ皮膚へ浸透し、痛みや腫れがひくそう。これは、現在も静岡県にある臨済宗のお寺「金地院」（こんちいん）で行われている療法で、皮膚病や小児喘息など難病に苦しむ20万人以上を治したといわれるものです。非常に歴史深い薬草の一つとして知られています。

BIWANOHA BEAUTY 【鎮静系】

古くから「大薬王樹」と呼ばれ
民間療法などにも活用されてきた枇杷
「無憂扇（病気を治して憂いを無くす葉）」と呼ぶ

枇杷の葉のエキスには、薬理作用として抗炎症作用と抗菌作用が知られています。漢方では、止咳・止嘔の効能があり、咳や痰、鼻血、嘔吐などに用いられ、また日本漢方では食中毒や下痢にも用いられます。民間では、汗疹や湿疹を治療するために枇杷の葉の煎剤を塗布したり、浴湯料としてもよく知られています。

M.D.N GETTOU series

沖縄県伊良部島生まれであり、そこは高齢化し孤立した沖縄の離島。
女性の体のリズムに寄り添った不思議な植物「月桃」を使用しています。
「顔の見える製品」として沖縄県・伊良部島の農家さんとこの製品は繋がっています。

MAISON DE NATUROPATHIE

GETTOU STORY

月桃の物語

GETTOU HISTORY......

　この月桃が生まれたのは、沖縄県の離島・伊良部島。宮古列島の島のひとつで、全島が沖縄県宮古島市に属します。2005年に市町村合併により宮古島市の一部になるまでは、西側に隣接する下地島とともに宮古郡伊良部町を形成し、その中心でした。伊良部島は高齢化が進み、非常に深刻な問題になっています。そんな沖縄の離島で生まれた「月桃」は、様々な効能が期待され、沖縄では古くより、薬草として利用されていたようで、種子を焙煎したものを健胃整腸のため使用してきたようです。

　月桃は「ぬちぐすい」（命の薬）と呼ばれ、沖縄の言葉で、直訳すると「ぬち」は"命"、「ぐすい」とは"薬"という意味で、例えば母親の愛情であったり美味しい料理や人の優しさであったりなど……。心の中が温かくなって癒されるような出来事をさす言葉です。

GETTOU BEAUTY 【調整系】

沖縄では自生するものをサンニンと呼び
「神秘の命薬」と言われ大切にされてきた。

紫外線の強い沖縄県で1年に4mも成長する強い生命力は、赤ワインの34倍ものポリフェノールの強力な抗酸化作用によるものです。近年、月桃には皮膚の老化を抑えるコラーゲンの生成促進作用や、加齢や分解酵素による肌のコラーゲン・エラスチン・ヒアルロン酸の減少を阻害する作用があることが大学の研究機関で発表され、若返り効果が注目されています。

Chapter 4

基本の
オーガニックスキンケアレシピを学ぼう
料理をするように美しい素肌は作れるということ

Mission 1
「顔の洗い方」について

Mission 2
「保湿の基本」について

Mission 3
「紫外線対策」について

Mission 4
「メイクの仕方」について

Mission 1

Recipe & Technic
「顔の洗い方」について

オーガニックスキンケアを実践するうえで大切なのは、
皮膚のバリア機能を低下させないこと。

①皮脂を洗い流しすぎない「植物オイルクレンジング」
②古い角質はイオン交換力でデトックス「クレイ洗顔」
③擦らない、洗いすぎない、乾燥させない「ゆすぐだけ洗顔」

How to Botanical Oil Cleansing

私のサロンでは、有機のホホバオイルやライスブランオイルなど
を用意しており、それらをたっぷり用いてクレンジングから全身のオ
イルケアまで行うことを推奨しています。

「オイルクレンジング？」と思われがちですが、石油系の合成界面
活性剤でできた洗剤のようなオイルクレンジングとは大きく異なり、
オーガニック植物100%低温圧搾一番搾り、可能な限り未精製の
オーガニックオイルを選びます。「肌に残っても栄養たっぷりなオイ
ルを用いてメイク（油剤）を浮かせます。」ブースターオイル代わり
にもなり、お風呂上がりの過乾燥も防げます。

Step.1

500円玉くらいの量の植物オイルを手に取り、
メイクをした素肌に「うぶ毛を撫でるくらい」の強さの圧で、たっぷり馴染ませる。

肌はとにかく洗顔時の摩擦に弱いです。摩擦が起こることで、大切な角層が剥がれやすくなってしまい
ます。"汚れ"と思いがちな「垢」は、実は角層の一部。自然に剥がれるまでは擦らないでおきましょう。

Step.2

顔全体に馴染ませてメイクが浮いてきたら、
植物オイルたっぷりの
コールドプレスソープを泡立てて、
ふわっと素肌を包むように洗い流す。

油脂は水では流れません。天然の界面活性剤で油脂を洗い流すことで、メイクを洗い流すことができます。水だけでは流れませんので要注意。コットンでのふき取りは、摩擦に注意が必要です。

Step.3

濃いメイクは、
「お風呂に入る前に軽くコットン＋植物オイルで拭き取る」か、
植物合成成分でできた界面活性剤を含むクレンジングを部分活用する。

「界面活性剤＝なんでも刺激」というわけではありません。乳化のために使用される大豆レシチンだって立派な天然の界面活性剤。植物を合成して作られた界面活性剤は、石油系の成分よりも肌に優しく、たとえ肌に残ったとしても常在菌が分解・消費できないというリスクはありません。

One Point

Point 1 ―

「植物オイルクレンジング」で洗い流せるメイクは、「石けんで落とせるメイクアップ」など、軽い被膜でできた"ナチュラル×オーガニック"なメイクアップのこと。ウォータープルーフ系のメイクは落とせません。強い石油合成被膜（例えば、水にも油にも流せない石油合成ポリマーやシリコンを含むもの）ではないことが大前提！

<化粧品に使われる代表的な合成ポリマー>

流動パラフィン、カルボマー、ジメチコンなどがあり、合成樹脂・合成ゴム・合成セルロースのこと。分子量が通常１万以上になる巨大分子で、高分子とも言います。変質しない／腐らない／安価であることから、化粧品に多く使われています。

Point 2 ―

"まつげエクステ"をしている女性は多いですよね。「オイルご法度」なまつげエクステですが、石油系オイルクレンジングで洗顔すると落ちやすいだけで、植物オイルが付着したからといってポロっと取れるわけではありません。
石油系オイルクレンジング＝植物オイルだと思わないこと。ただし、まつげエクステは水分や油分に弱いことは間違いないため、洗顔後にスキンケアをしたら、軽くドライヤーでまつげを乾かすだけでも長持ちします。

How to Clay Face Wash

　私のサロンでは、洗顔料に「オーガニッククレイ」を使用することを推奨しています。クレイとは粘土のこと。岩石が長い年月をかけて風化や変成を繰り返してできた鉱物です。

　クレイは水に溶かすと交換反応である「イオン交換」を起こし、クレイが肌の表面や毛穴の汚れにぶつかり、美肌成分を離し、肌に吸収・浸透し、その代わりに汚れを吸着するのです。

　吸着した汚れなどの物質は、イオン交換によって帯電が中和されると、酸素量の多い空間、つまり外に出たがる特性があるので、外へかき出されます。クレイは汚れをこそぎ落とすのではなく、肌のバリア機能を傷つけずに毛穴の中に入り込み、汚れをしっかり吸着するのです。

〜クレイスキンケアのメリット〜

「クレイル」のクレイがおすすめです。5色それぞれ効能が異なるため、P.101 を参考にしてください。

肌の表面や毛穴の汚れに触れたクレイは、持っていたマイナスの電荷を離し、代わりに酸化した皮脂や老廃物、ニキビ菌など（プラスの電荷）を引き付けます。

クレイが、皮脂の汚れや老廃物、ニキビ菌などのお肌に有害な物質を抱え込みます。乾く前に洗い流すだけで、角質・毛穴ケアは完了します。

Step.1

精製水またはナチュラルミネラルウォーターを手のひらにすくい、**クレイを混ぜて、肌にさっと塗布して「クレイ洗顔」**するだけ。

さっと古い角質を流したいだけの場合は、この方法が忙しい方でも一番楽で継続しやすいのでお勧めです。クレンジングとしての利用、つまりメイクなどの油性成分は洗い流せないので要注意！

Step.2

しっかりくすみや角質をケアしたい時は「マヨネーズ状のクレイペースト」を作り、5分以上パックする。

各クレイの分量にあった水分と馴染ませペースト状に。乾燥しにくい浴室で行うことがベスト。置いておけるなら5分以上を目安に、ただし内側が突っ張るような乾く感覚があればすぐに洗い流しましょう。

Step.3

体全体のデトックスをしたいなら、クレイを湯船に入れて全身浴を楽しむ。

クレイを使えるのは顔だけじゃありません。全身のデトックスから加温・血流促進までマルチに活用することができます。お風呂に大さじ2〜3杯（適量）を入れてみましょう。

One Point

Point 1 「肌別クレイの選び方」

グリーン … 健康肌向け：デトックス・ニキビ・日焼け・筋肉痛

ホワイト … 敏感肌向け：保湿・ターンオーバー機能・乾燥肌・シミ対策・メイクのり・肌トーンアップ

イエロー …… むくみ肌・お疲れ肌向け：ハリ・リフトアップ・スポーツケア・疲労

レッド …… ボディケア：血行・肌色UP・バスケア・脂肪燃焼・セルライト・ダイエット

ブルー …… エイジングケア・肌質アップ：潤い・ミネラル補給・ツヤ肌・もち肌・美肌・毛穴の汚れ・小ジワ

Point 2 「種類別クレイの使用頻度とカラー紹介」

クレイのおすすめ使用頻度と、それに適したクレイのカラーを紹介します。

❖ 洗顔	毎日	WHITE → BLUE → GREEN
❖ 美容パック	週1・2回〜	BLUE → WHITE → YELLOW
❖ 足裏パック	週1・2回〜	GREEN → YELLOW → RED
❖ 背中パック	都度	GREEN → YELLOW → RED
❖ 筋肉パック	都度	YELLOW → RED → GREEN
❖ クレイバス	週1・2回〜	RED → GREEN → YELLOW
❖ フェイスパウダー	毎日〜	WHITE
❖ ボディーパウダー	毎日〜	WHITE → GREEN
❖ 化粧下地	毎日〜	WHITE

※「clargile－クレイル」参照

About Clay Face Wash

ファンデーションも日焼け止めも塗っていない肌、あるいは『人参と木苺生まれのサンケアスキンセラム』（→P124）＋『吉野本葛粉生まれのアロールートフェイスパウダー』（→P126）だけを使用している場合は、基本的に「ゆすぐだけ洗顔」でOK！　ポイントメイクをしている箇所のみ、「植物オイル」で浮かせて、天然の石けん成分（天然の界面活性剤）などで洗い流そう。

Step.1

**すっぴんの肌は、ぬるま湯でゆすぐだけ。
朝はいつも、ゆすぐだけ。**

ポイントメイク（油系）だけは、先に植物オイルクレンジングで洗い流すこと。朝は基本的にゆすぐだけでOK。自分の皮脂の取りすぎに注意しましょう。

Step.2

**週1～2回くらいは、
植物オイルクレンジングを行うと「くすみケア」に。**

毎日ゆすぐだけだと、酸化した皮脂や油系の汚れが残ってしまうことも。定期的に植物オイルクレンジングをすっぴんでも行うことで、良質な油脂が古い皮脂と混ざり、余分な皮脂や汚れを浮かせます。その後、石鹸で適度に洗い流しましょう。

Step.3

角質が気になり始めたら「クレイパック」で優しく角質オフ。

毛穴の角栓や、ざらつきが気になってきたら、時々クレイパックも活用します。すっぴん肌には、外的付着物にも要注意。定期的に吸着して、くすみのない透明素肌を維持しましょう。

One Point

「素肌を魅せるメイク法を楽しもう」

私たちが作っている「人参と木苺生まれのサンケアスキンセラム」＋「吉野本葛粉生まれのアロールートフェイスパウダー」＋「吉野本葛粉生まれのアロールートアンサンブル」（新メイクアップブランド）でメイクアップを楽しむことで、すっぴんに見えないのに「素肌生活」が楽しめるようになります。

Clay Face Skincare Point
POINT

クレイペーストの作り方

❶分量の水をボウルに入れる ※水が先だと吸水が早い

❷使用したい量のクレイを 1 のボウルに入れる

❸水とクレイがなじむまで置いておく（5 分〜 15 分）

❹なじんだら、さっと混ぜて完成

*使い方
 ＜美容目的＞
 ・ペーストの厚さ……0.5 〜 1cm
 ・パック時間……5 〜 15 分
 ・頻度……週 1 〜 2 回

クレイを使うことで得られる効果

*美容面（外側）での働き
・吸着作用による皮膚表面の汚れの除去
・吸収作用による体にとって不要なもの（膿や炎症など）の除去
・収れん作用による毛穴の引き締め
・血行促進によるくすみケア
・ターンオーバーの正常化
・保水力を回復し水分保持能力を高める
・皮脂バランスの正常化など

*体調面（内側）での働き
・デトックス作用
・浸透圧調整作用
・代謝促進作用
・血行促進作用
・免疫賦活作用
・静電気の中和など

クレイは身体の働きを整えて活性化してくれます。

「入れる」ものではなく「出す」ものであることを覚えておきましょう。

(クレイができることは？)

代謝促進

| 流す・運ぶ | 分解する | 出す |

＜代謝とは＞
古いものと新しいものが次々と入れ替わること
体内で物質が次々と化学的に変化して入れ替わること

Mission 2

Recipe & Technic
「保湿の基本」について

オーガニックスキンケアで大切なのは、保湿の基本を知ること。

> ① 水分補給は徹底する「低分子水分を角質層にたっぷり与える」
> ② 油分は素肌に合わせて選び適量に塗布する「脂肪酸スキンケア」
> ③ 水分と油分だけでは保湿にならない「エマルジョンスキンケア」

「保湿」とは「水分をキープすること」

つまり、肌に水分と油分を与えるだけでは保湿にならないので、しっかり角質層の中で乳化させ、
スキンケア後や朝起きた時に「さらっと」仕上がることが最大のポイントになります。

One Point

〜 化粧水とオイル、どっちが先？ 〜

基本的には肌質によってベストは異なります。代表的な二つのタイプについて下記にまとめてみました。

乾燥肌

スポンジ型
20〜30代
乾燥肌・敏感肌
アトピー・アレルギー肌

➡ 不全角化肌に多い

乾燥肌の方は、
化粧水 ▶ オイル ▶ 膜の順番に

オイルから塗っても、ほとんど浸透してしまい、
量が多くなりがち。オイルの塗布量が多すぎると
ニキビなどの原因を作るため、まずはスポンジ（角
質層）の中を水分で満たし、たっぷり水分を含ん
だ状態でオイルを塗ること。最後に乳化（膜化）
させることができれば保湿完了。

年齢肌

たわしスポンジ型
40代からの
年齢肌（くすみ）

➡ 角質肥厚肌に多い

年齢肌の方は、
オイル ▶ 化粧水 ▶ 膜の順番に

角質がターンオーバーの遅れにより肥厚しており、
水分が浸透しにくい状態。この場合は、先に少量
のオイル（ブースター効果）で角質を柔らかくし
てから化粧水を塗布すると良い。くすみがちな年
齢肌に多い。

How to Hydration

私のサロンでは水分補給の重要性を伝えています。「皮脂膜があるから、水分は入らない」という話も聞きますが、全く浸透しないわけではありません。むしろ、水分が無いカラカラのスポンジ（乾いた角質層）にいくら油脂を入れても、うまく伸びずに量を使用してしまい油分過多に。これはニキビや脂漏性皮膚炎、毛穴開きの原因になってしまいます。

[バリア機能の強化はセラミドケア]

お肌表面　　　　　　　　肌のバリア機能が働く

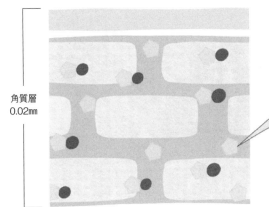

角質層
0.02mm

ラメラ
構造

ラメラ構造が
整っている

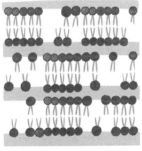

セラミドが減少し、
ラメラ構造が乱れている

肌のバリア機能が低下

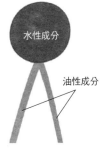

セラミド

水性成分

油性成分

**女性らしい素肌は、
水分がたっぷり**

女性ホルモンが優位な素肌は、
水分たっぷり皮脂は少なめ。
キメが細かく、皮膚が薄くて、
毛穴が少ないことが特徴。
男性ホルモンが優位な素肌は、
水分が少なく皮脂がたっぷり。
キメが粗く、皮膚が厚くて、
毛穴が多いことが特徴。

Step.1

肌のハリを生み出したいなら、
低分子で浸透性の高い「ブースターエキス」を導入する。

真皮層まで浸透する植物・天然エキスを、化粧水前のブースターエキスに活用します。日本酒酵母や米ぬかからとれた美容成分などを先に浸透させることで、肌が柔らかくなり、肌に透明感をもたらすことができます。

Step.2

植物から採った芳香蒸留水や生体水、樹液、液汁などを使用し、
栄養価たっぷりの水分で角質層を潤す。

植物から採れた水分は、精製水とは異なり美容成分がたっぷり。天然素材で低分子のため、浸透性も高く、さらっとした仕上がりなのでしっかり水分が補給できます。

Step.3

素肌のトラブルに適した脂肪酸を持つ「植物オイル」を適量塗る。

角質層に水分をたっぷり補給したら、すかさずに植物の油分をON。肌トラブル別のレシピを参考に、素肌に必要な脂肪酸を含む植物油を選び、テカりすぎない程度に塗布しましょう。

Plus one!

> 美容効果をより高めるために、ここで「植物エキス」をブレンドしてみよう！
> 「素肌トラブル別のオーガニックスキンケアレシピ」（→ P049）を参考にしてみて！

Step.4

仕上げに、肌の乳化作用をサポートする
「大豆レシチン」でエマルジョン化。

肌に水分と油分を与えたら、分離しないように角質層の中でしっかり乳化させることで「保湿」が完了します。さらっとした仕上がりになると、完璧！ スキンケアをしてから30分経ってもベタついていたら、油分が多すぎる、または水分が蒸発してしまい油分だけが残ってしまっているかもしれません。

One Point

「健康な肌」と「オメガ3が不足した肌」の違いとは？

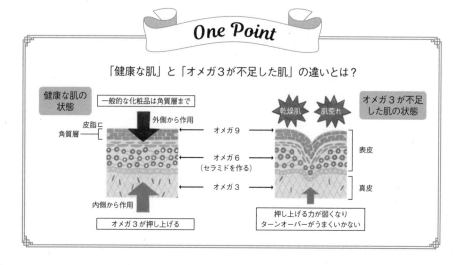

Mini Column

> ## No 石油系合成クリームとは？
> ◆　◆　◆
> 石油系合成成分を使用せず、
> 天然の界面活性剤のクリーム・乳液を選ぼう。
> ミツロウ、シアバター、
> レシチン、ラノリン etc……

〜「No 石油系合成クリーム」のポイント 〜

1. 素肌の皮脂腺を塞ぐ"石油系合成ポリマーやシリコン"のような被膜の強いクリームは使用せず、天然の乳化剤で素肌を育てるスキンケアを行う。

2. 肌負担がなく、馴染みが良いものは人によって異なる感覚を持つことが多い。（その人の肌の乾燥具合による）

3. 石油系合成ポリマーやシリコンなどの被膜は、肌自体に刺激はないとされているが、皮脂腺を塞いでしまったり、水にも油にも溶けないため強力な合成界面活性剤が必要となったり、肌負担が大きくなりやすい。

4. 化粧水とオイルだけでは乾燥肌になりがち。しっかり「乳化膜」で補助して、肌本来の乳化作用(レシチン)を取り戻すまでサポートしていくのが目的。皮膚の上に、物理的な半固形の保護膜(ロウ類がベスト)を形成し、皮膚を外部刺激から保護するとともに皮膚の水分を保持することがポイント。

Mission 3

Recipe & Technic
「紫外線対策」について

オーガニックスキンケアで大切なのは、紫外線による光老化対策を怠らないこと。

> ① 活性酸素の発生を抑える「**抗酸化対策**」
> ② 日焼けによる内部炎症を鎮める「**抗炎症対策**」
> ③ 紫外線による黄ぐすみを予防する「**抗糖化対策**」
> ④ メラニン生成を抑える「**チロシナーゼ対策**」

How to Sun Care

　私のサロンでは、石油系合成成分でできた「紫外線吸収剤」や白い粉状の顔料などの「紫外線散乱剤」を使用することよりも、日々のスキンケアの中で「抗酸化対策」＋「抗炎症対策」＋「抗糖化対策」＋「チロシナーゼ対策」を意識して行うことを推奨しています。

　紫外線を浴びた時の「時間推移」がそのヒントになっていて、私はこの方法を**「第3のサンケア＝オーガニックサンケア理論」**と呼んでおり、新しい日焼け対策であると伝えています。

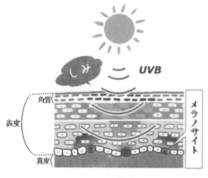

— UVB が及ぼす「シミ」—

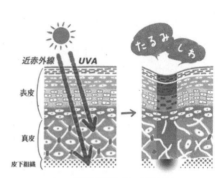

— UVA が及ぼす「シワ」「たるみ」—

紫外線吸収剤

化学物質を使い皮膚の表面で紫外線を吸収し、化学変化により熱や赤外線などに変えて放出することで紫外線を防ぐ。無色透明でなめらかな使用感。

<メリット>

- 紫外線を防ぐ力が強い
- 白浮きしない
- 塗り心地が良い
- 汗に強い

<デメリット>

- 肌への負担が大きい
- 刺激が強い
- 化学変化で効果が弱まる

紫外線吸収剤を使用した場合

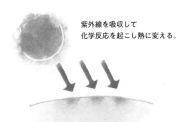

紫外線を吸収して化学反応を起こし熱に変える。

化学反応＝肌への刺激に！

紫外線吸収剤は、肌の上で浴びた紫外線を吸収剤に吸収して化学反応させることによって、肌に届く紫外線をカットする。その際、肌の敏感な方はまれに刺激を感じることがある。

紫外線散乱剤

皮膚の表面で紫外線を跳ね返して紫外線を防ぐ。金属を酸化させた酸化チタン、酸化亜鉛や粘土鉱物など白い粉状の顔料が使われる。ノンケミカルなどと表示されている。

<メリット>

- どんな紫外線にも対応
- 肌への負担が少ない
- 低刺激
- 構造が壊れにくい

<デメリット>

- 白浮きする
- 塗り心地が悪い
- 汗に弱い

紫外線散乱剤を使用した場合

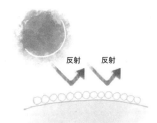

反射　反射

紫外線を反射させて、肌に通さない。

紫外線散乱剤は、粉体表面で紫外線を反射・散乱させて紫外線をカットする。そのため、肌への刺激は少ないといわれる。

One Point

紫外線を浴びた時の「時間推移」とは？

1 紫外線を浴びて、角質層内に活性酸素が生まれる。
(表皮の皮脂膜も過酸化脂質へ変化＝酸化する)

2 活性酸素が細胞膜や核の中の DNA を傷つける、壊す。

3 保護するために基底層のメラノサイトが
メラニン（メラニン顆粒／メラノソーム）を放出する。
(細胞膜や核の中の DNA を守る＝黒化の原因)

4 傷ついた箇所の血流が増え「炎症」が起きる。
これは傷を修復し始める合図ともいえる。

5 やがて炎症は 24 時間をピークに沈静化し、肌表面は乾燥しはじめる。
(炎症が起きた箇所はターンオーバーが促進され、未熟な肌細胞が露出し非常に敏感かつ乾燥しやすい状態になる)

6 肌が黒くなる人は黒化し防御態勢へ。
肌が赤くなる人は防御態勢が十分に至らずシミができやすい状態となる。

炎症の仕組み

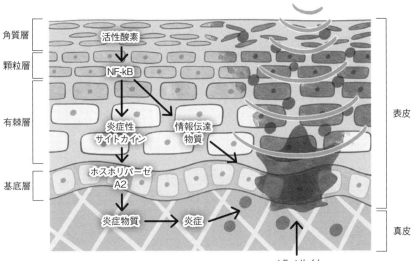

角質層

顆粒層

有棘層

基底層

活性酸素

NF-kB

炎症性
サイトカイン

情報伝達
物質

ホスホリパーゼ
A2

炎症物質 → 炎症

表皮

真皮

メラノサイト
（メラニンをつくる細胞）

Suncare Point

この流れにおいて「オーガニックサンケア理論」を
どこに役立てていきたいかというと、【炎症が起こる前
の活性酸素発生】の部分です。**活性酸素の発生や炎症
を最小限に抑えることができれば、細胞膜も核の中の
DNA も損傷が少ないということになります。そうなる
と、シミの発生も抑えることが出来るのです。**

この【傷ついた細胞膜や核の中の DNA を修復し始
める合図】ともいえる血流促進状態（炎症）になる前
に、【活性酸素を減少させる】または【活性酸素が発
生しにくい肌環境】＋【過酸化脂質ができにくい肌状
態】を事前に作っておくことで、いざ起こる「軽い火傷」
という日焼け状態に備えることができるという考え方
になります。

あなたは毎日「抗酸化成分」を塗ったり、「抗酸化成分」
を食べたりしていますか？　継続は力なりです。

<UV-AとUV-Bのダメージとは？>

UV-A（真皮を破壊）
↓
シワ・たるみの原因

UV-B（メラノサイトを活性化）
↓
シミ・ソバカスの原因

Suncare Point Step5

Step.1
日常紫外線であれば、SPF10 程度（約 200 分）の
植物が本来持っている「日焼け止め効果」で充分効果あり。

それ以上は、肌負担の方が大きくなる恐れがあります。紫外線吸収剤は化学反応による刺激があるため、常用は避けたいところ。紫外線散乱剤も乾燥や酸化を招くため、毎日使うのではなく外を長く出歩く時だけにしましょう。

Step.2
傘をさせない、帽子が被れないときは、
「紫外線散乱剤のパウダー」で防御を。

酸化チタンは皮膚酸化の危険性がありますが、吸収剤よりは肌負担・洗顔負担は低いです。お洒落時やお出かけ時などに使用しても OK。オススメの BB パウダーもご紹介しています。(P.123)

Step.3
朝も夜も角質層に
「抗酸化成分」＋「抗炎症成分」＋「抗糖化成分」＋「チロシナーゼ抑制成分」を
蓄積させる。

日々のスキンケアの中で「抗酸化成分」＋「抗炎症成分」＋「抗糖化成分」＋「チロシナーゼ抑制成分」を角質層に蓄積させておくことで、窓ガラスからの日差しや、少しの外出先での紫外線に負けない強い肌を育てることができます。日常生活の中で「予防美容」を行いましょう。

Step.4
長い外出時には「完全遮光傘」や
「透明なサングラス」（クリアレンズサングラス）などを活用する。

長時間出歩くことが多い春から秋にかけては、日傘の常用をお勧めしています。正直、紫外線吸収剤を塗っても完璧に紫外線から守ることは不可能です。まずは直射日光を避ける努力は惜しまないこと。目から入る紫外線でもメラニンは生産されるので注意が必要です。

Step.5
「抗酸化成分」＋「抗炎症成分」＋
「抗糖化成分」を
意識した食事を摂ること。

酸化した油の多い外食や、お菓子に使用されている植物油、お惣菜の白砂糖などはなるべく避けるようにしてください。食事からも「抗酸化成分＋抗炎症成分＋抗糖化成分」を意識してみましょう。

＜メラニンの生成経路＞

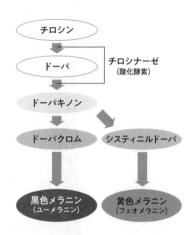

＜メラニンって何？＞

メラニン色素とは、メラノサイトから作られる色素のこと。「お肌を守るために働いてくれる」大切なもの。ただ、過度な紫外線を浴びたり、摩擦によって産生されすぎると「シミ」の原因に。「チロシナーゼ酵素」の働きを抑えてくれる植物エキス（エーデルワイスエキス、ユズエキスなど）を活用しよう。

＜フィトケミカルとは＞

植物中に存在する天然の化学物質で
通常は身体の機能維持に必要ないが
健康に良い影響を与える可能性のある
植物由来の化合物だと言われています。

〜 お肌で起こる酸化 〜

酸化とはそもそも何でしょうか。リンゴを例にすると、皮を剥いておくと茶色く変色するのが酸化
です。また、鉄が錆びていくのも酸化です。お肌で起こる酸化とは、皮脂や細胞間脂質が酸素
と結合して起こる酸化と、紫外線による活性酸素で起こる酸化があるようです。体内で作られる
SOD 酵素やビタミンや水素などの他に、この酸化を防ぐのが植物が持つフィトケミカルです。

フィトケミカルは、食べることも肌につけることもできる

効果的な植物成分です

植物は自分の足で逃げることができないため、
体内でフィトケミカルを作って防御しています。

代表的なフィトケミカル

ポリフェノール

赤ワインなどのアントシアニン、紅茶のカテキン、ゴマ
のリグナン、玉ねぎのケルセチン、青みかんのヘスペ
リジン、クランベリーなどのプロアントシアニジンなど

カロテノイド

人参のβ‐カロテン、トマトのリコピン、ほうれん草の
ルテイン、わかめなどのフコキサンチンなど

イオウ化合物

玉ねぎなどのアリシン、大根などのイソチオシアネートなど

β‐グルカン

きのこや酵母に含まれる多糖類

その他

植物に含まれるビタミンE、ビタミンCなどにも肌の酸
化を防ぎ、活性酸素を処理する働きがある

Why Vegetable Oil?

「天然成分＝植物オイルでの日焼け対策」を選ぶ理由とは？

「刺激が強すぎる」市販の日焼け止め化粧品に比べて、「日焼け止め効果のある植物オイル」は、ケミカル系の日焼け止めクリームまで効果は及ばなくても、天然由来にしては素晴らしい日焼け止め効果と抗酸化作用を持っています。多方面でケアを同時に行ってくれるのです。

「天然の抗酸化＋抗炎症＋抗糖化成分を角質層に蓄積させる」からこそ、日中に紫外線などを気にする不安が減少するのではないでしょうか。

No.1

市販の「日焼け止め化粧品」に
引けをとらない効果

一部の植物油脂は、市販の「日焼け止め化粧品」に引けをとらない効果があるとも言われています。その証拠に、サロンに通う多くのお客様が、日焼けケア美容液を使用し始めてから「以前より焼けにくくなった」「赤くならなくなった」「シミができにくくなった」「色が抜けやすくなった」などの効果を実感しています。日焼け止め効果を期待したいときは、オーガニック系のBBパウダーがおすすめです。
→QUON シンクロナイザーＢＢパウダー（P.123）

No.2

余計な石油系合成成分などが
一切含まれない

これが一番明確な違いです。100% 天然の植物オイルですので、多くの日焼け止め商品に含まれる「保存料や香料」そして刺激性の強い「紫外線吸収剤」や「紫外線散乱剤」をはじめとした、様々な石油系合成成分や酸化や乾燥を招く鉱物も一切含まれません。
→ OML product サンケアスキンセラム（P.124）

No.3

抗酸化作用が
「活性酸素」も除去してくれる

植物の中には、フィトケミカルと呼ばれる有益な天然化合物があり、それらの多くには抗酸化作用があります。これらが日焼けで生じた「活性酸素」のケアに役立つのです。
→ 「フィトケミカルとは？」（P.113）

No.4

素肌に様々な栄養を
届けてくれる

植物油や精油には「植物の有効成分」が多く、素肌に様々な美肌効果をもたらします。中には「チロシナーゼ抑制効果」があるユズ種子油やエーデルワイスエキスやクリスマムマリチマムカルス培養液等も存在し、シミのケアまで同時に行える植物エキスまで存在するのです。
→ Organic Skincare Recipe
　「シミ肌・日焼け肌レシピ」(P.68)

「肌に塗るだけ」が日焼け対策じゃない?!
間接的遮光を活用して、太陽から素肌を守ろう

帽子を買うなら

つばが 10cm 以上のものが必須（これで紫外線の 70% 以上は防げます）

日傘を買うなら

完全遮光日傘を使うこと（遮光率が 99% のものは完璧ではありません。
アスファルトからの照り返しは多少受けることになります）

サングラスを買うなら

レンズの色が薄いもの、紫外線カット率の高いものを選ぶ（または UV コンタクトレンズ）
UV400 と書いてあれば UVA までは防げます。UV420 ではブルーライトまで防げます。

紫外線吸収剤＋石油系合成ポリマー×シリコンは卒業しよう

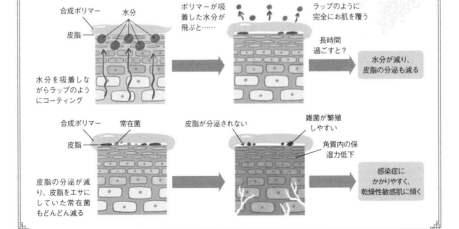

What's Sunscreen to Eat ?

~ 食べて、飲んで、体の内側から日差しに負けない素肌づくりを始めよう ~

> 1. 抗酸化作用が高い（フィトケミカル）……活性酸素の除去
> 2. チロシナーゼ抑制効果……シミ予防＆美白

外側からだけではなく、内側からも抗酸化成分（植物成分）を摂ることで、
血液から皮膚へ栄養を日々届けていこう。

No.1

毎日継続しよう！

毎日水筒に入れてちょこちょこ飲む「ハーブティー」
ローズヒップ＋ハイビスカス＋ヒース＋スギナの
ハーブティーを飲むこと

水溶性ビタミンは体に貯めておけないため、ちょこちょこ飲めるハーブティーを水筒に入れて持ち歩こう。「ビタミンC」には、日焼けやシミの元になる色素メラニンの生成を抑えてくれ、すでにできてしまったメラニンを漂白してくれる働きがあります。そのほか、コラーゲンの生成を促進する効果もあるため、同時に美肌効果も期待できます。

No.2

トマトジュースを温めて、
油（P.18 ～ 19）をかけて飲むと
より吸収率 UP

夜に温めて飲む
有機栽培・無塩・無添加の
「トマトジュース」を飲むこと

トマトに含まれている「リコピン」は活性酸素を除去する効果があり、メラニンの生成に必要な酵素「チロシナーゼ」の働きを抑えてくれます。8時間身体の中を巡り、8時間後には皮膚表面にリコピン作用（抗酸化作用）が上がってくるため、夜飲むことで次の日の日焼け止めに役立つというわけです（冬場も冷え性の人は注意してね！ トマトは極陰性です）。トマトは加熱するとリコピンが増加します。

No.3

間食（おやつ）として
少しずつ摂っていくこと

「アボカド」やアーモンド等の「ナッツ類」を間食に食べること

アボカドには、「β-カロテン」や「ビタミンE」が含まれていますので、日焼けによるダメージ肌の回復促進に役立ちます。ミネラルや食物繊維も豊富です。オイリーな食材なので、油によって吸収が促進される栄養素との相性は抜群といえます。さらに、ナッツ類を毎日20粒食べる人は、食べていない人より日焼けしにくいという研究結果もています。

No.4

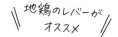

地鶏のレバーが
オススメ

週に一度の良質な「レバー」を食べること

「ビタミンA」が新陳代謝を促進し、肌・粘膜の回復に役立ちます。また細胞の再生を早める「ビタミンB」が、日光に対する抵抗力を強めます。健康的な肌づくりに必要なたんぱく質やコラーゲン、ミネラル類も豊富な食材です。

No.5

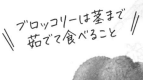

ブロッコリーは茎まで
茹でて食べること

軽く蒸した「ブロッコリー」を食べること

ブロッコリーは、「ビタミンA・C・E」を多く含んでいます。また「スルフォラファン」という物質にも抗酸化作用があり、日焼けのダメージ回復を促進する効果があります。緑の野菜は日焼け防止に効果があり、日焼けした肌を修復する作用もあります。

No.6

オレンジ色が特徴の
フィトケミカルを
摂り入れよう！

天然の「鮭・イクラ・カニ・エビ」を食べること

「アスタキサンチン」もシミの予防になります。鮭やニシン、サバ、マスやイワシなどの冷水魚には日光から肌を守る効果のあるオメガ3脂肪酸が多く含まれています。

No.7

ジュースで毎日飲むことも
簡単に摂り入れる
ポイントです

朝ごはんに「ザクロ」を食べること

ザクロには多くの酸化防止成分が含まれていることが知られています。皮膚科専門医である Howard Murad によると「日光に対する肌の強さを 25％引き上げる」という効果があるそうです。

No.8

カカオたっぷりのチョコレートを
糖質の少ないものから
選んで持ち歩こう

間食には「オーガニックダークチョコレート」を食べること

カカオ 70％以上のダークチョコレートには、お茶の 4 倍の「ポリフェノール」や「カテキン」が含まれており、日焼けに対する耐性を最大 25％強める効果があります。摂取量としては 1 日 60 グラムくらいが奨励されているので、苦もなく摂取できそうです。

No.9

色の濃い野菜は、
良質な油と一緒に

「かぼちゃ、ほうれん草」などの緑黄色野菜を食べること

濃い色の野菜たちは、吸収率を高めるために良質な油をかけて一緒に食べてください。ほうれん草も「ルテイン」「カロテノイド」が豊富。毎日食べてもいいくらいです。

No.10

アントシアニンは
特に強い
抗酸化作用が！

新鮮なフルーツ「ブルーベリー」を食べること

フラボノイドにもまた色々な種類があり、その中のひとつ、赤〜紫〜青系の色素成分が「アントシアニン」です（チョコレートやお茶に含まれる「カテキン」も、フラボノイドの中のひとつになります）。アントシアニンはさらに個別の成分に分けられるのですが、ブルーベリーに含まれるアントシアニンの成分は、特に強い抗酸化作用を持つと言われています。

Mini Column

皮膚バリア機能を強くして天然の日焼け止め「皮脂」を増やそう

皮脂膜の働き①

肌表面の保護膜となって、水分を閉じ込める。

皮脂膜の働き②

雑菌の侵入＆繁殖を防ぎ、お肌を健康に保つ。

皮脂膜の働き③

お肌を油膜で覆い、刺激や衝撃を上手に逃がす。

皮脂膜の働き④

①〜③の働きで、角質の剥がれを防止する。

自分の皮脂は「天然の日焼け止めクリーム」です。
どんなにシミが多い方でも、額にはシミが無い方が多いですよね。
自分の皮脂分泌が多く、皮膚に厚みがある丈夫な箇所には、そもそも日焼けのダメージが残らないのです。
まずは、自分の皮脂を守るスキンケアを覚えましょう。

by makoto

Mission 4

Recipe & Technic
「メイクの仕方」について

オーガニックメイクで大切なのは、素肌を魅せるメイク法を楽しむこと。

> ① 素肌の色を隠さない「**透明フェイスパウダー**」
> ② 染料を含まないポイントメイクを選ぶ「**血色メイク**」
> ③ ゆすぐだけで洗顔いらず「**お湯で落ちるメイクアップベース**」

How to Organic Makeup

私のサロンでは、「**透明フェイスパウダー**」＋「**血色メイク**」＋「**お湯で落ちるメイクアップベース**」をポイントに教えています。毎日毛穴の奥まで洗浄しきれずに、毛穴に落ち込んだ下地やファンデーションは、角栓や毛穴の黒ずみ、ニキビの原因になります。さらに、油にも水にも溶けない石油系合成ポリマーやシリコン入りの日焼け止めや下地が、肌を密閉してしまい常在菌が住む場所を失っているとしたら……。

実はこの「メイクアップの間違い」こそが、肌荒れの原因トップ3なのです!! **Point**

加えて「**染料を含まない天然顔料を選ぶ**」ことをお伝えしています。そして、真皮層に浸透しない「**非ナノ化**」成分を選びます。

◆ 「ナノ化」成分に注意。皮膚内部まで浸透する可能性あり。

◆ "色＋数字" で表される色素＝タール色素」には注意が必要。
合成染料が含まれるメイクアップ製品は、角質層が染まってしまい肌への負担に。

◆ 石油系合成成分が含まれるファンデーションやメイクアップを休ませるだけでも、
肌に複合的な美容効果あり。

◆ カバー力の強い落ちにくいタイプには、石油系合成ポリマーやシリコンなどの強い被膜があり、
強力な石油系合成界面活性剤でしか落とせないものもあるので注意。

「すっぴんになるだけ」じゃない！
素肌を魅せるメイク法とは？

Step.1

ベースメイクは保湿が命！
「植物オイル＋植物乳化剤」で保湿しながら膜を張る。

『サンケアスキンセラム』（→ P124）は下地代わりにもご使用いただけます。抗酸化＋抗炎症＋抗糖化成分を持つ水分と油分で保湿された素肌は、サラサラしてメイクのりも抜群。水分と油分が分離していると、夕方には水分だけが蒸発し、テカリ＝メイク崩れの原因になります。下地を塗らないことと、クレンジング剤が必要なベースメイクは基本的に毎日しないこと。できる限り肌を休ませる習慣を持ちましょう。

Step.2

「乾燥しない透明なデンプンフェイスパウダー」で油分と水分をキャッチする。

素肌の色は変えないこと。デンプン粉でできた『アロールートフェイスパウダー』（→ P126）は、表皮の上で油分と水分をキープしてくれるので、小ジワが目立ったり白浮きしたり乾燥したりしない優れもの。汗と皮脂を吸って自然な艶が出ます。デンプン質自体が水分をキープして保水する働きを持つため、肌の乾燥（小ジワ）などを防ぐことができます。毛穴に入っても安心な成分です。

Step.3

カバー力が欲しい時は、上からミネラル系のファンデーションを重ねるだけ。
＋またはクレイファンデーションを使用する。

シミやニキビ跡、くすみが気になる時は、カバー力があるものが欲しくなります。そんな時は、様々な石油成分や染料、石油系合成ポリマー、シリコンを含むファンデーションを使用するのではなく、天然植物成分＋鉱物を使用したミネラル系フェイスパウダーを上に重ねたり、下地にクレイファンデーションを使用してください。シミなどのポイントには、オーガニック系のコンシーラーなどにして、全体に BB クリームなどを塗る日を減らしましょう。

Step.4

「血色を良く魅せるポイントメイク」は
手を抜かないこと！

ポイントメイクを選ぶ時は、すっぴんとバレないように「血色が良く見える」ものを選びましょう。「染料を含まない天然顔料を選ぶ」ことも忘れずに。"すっぴんだな"と分かる理由は、テカリと血色の悪さです。コンシーラーや BB クリームを多用するよりも、チークや口紅のように「血の色＝ヘモグロビン色」を入れた方が、人間の視線はそこに先にいくので、素肌（すっぴん）だと気づかなくなります。

すっぴん肌の味方に必須アイテム！

< OML product >
アロールートフェイスパウダー

One Point

Point 1

「クレイファンデーション」って何?

寝る前にスキンケアとして使うオーガニックのクリーム同様のスキンケア成分に、クレイ（鉱物）成分を加えた「色補正力」のあるクリームのこと。

塗ったまま眠ることはオススメしないものの、主に「植物油＋クレイ＋植物エキス」で構成されているため、スキンケア効果が非常に高く、乾燥しにくく、肌にとって栄養価が高いことが特徴。

最近では、『アロールートフェイスパウダー』の下に、クレイファンデーションを塗る人も増えてきているとか?!

Point 2

「フェイスパウダーの塗り方」ポイント!

フェイスパウダーは、パフではなく「ブラシ」を使うと均等に塗ることができて艶が出る。ポイントメイクをする目元から塗り、鼻筋、おでこ、残ったパウダーでフェイスラインに塗ったら OK。パフだと固まったまま塗られてしまうため、厚塗り感が出てしまうことも。どちらもテクニック次第!

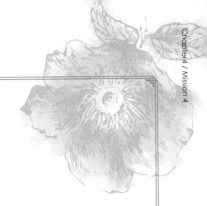

Point 3 「ファンデーション」の基本成分とは？

ファンデーションの基本は以下の3要素。
- 油分（ベースに配合されているオイル成分）
- 粉体（紫外線散乱剤や着色剤）
- 水分（水やグリセリンなどのベース成分）

● 油分量が多い方が崩れ防止性が高くなる。
（その分落としにくくなってクレンジング時の負担が大きい）
● 油分量が少ない方が崩れ防止性が低くなる。
（その分落としやすくなるのでクレンジング時の負担が少ない）

着色剤

皮膚

染料　着色剤

皮膚

顔料は着色剤の粒子が大きいため皮膚の表面に乗るだけで、皮膚の凹凸に入り込みません。発色は比較的弱く色素が定着しません。

染料は着色剤の粒子が小さいため皮膚の凹凸に入り込んで定着します。発色がとても鮮やかでpH等によって色調が変わるものも。

▶ 肌や粘膜への安全性が比較的高い

▶ 肌や粘膜に対しての安全性は低め

Point 4 「素肌を魅せるメイク法」を楽しもう

私たちが作っている『人参と木苺生まれのサンケアスキンセラム』＋『吉野本葛粉生まれのアロールートフェイスパウダー』にプラスしてオーガニックポイントメイクを楽しむことで、すっぴんに見えないのに「素肌生活」が楽しめるようになります。新ブランドの『アロールートアンサンブル』シリーズもお楽しみに。

QUON
シンクロナイザー
BB パウダー 15g
素肌の色を整えたい時に、アロールートフェイスパウダーの上に重ねよう。

amritara
ダマスクローズチーク
[クリーミー]
頬に血色の良さを練りチークでプラスしよう。

Ay
リップ
ヴィヴェンテ
4色から自分の好みの色をうまく活用して血色を良くみせよう。

人参と木苺生まれの「サンケアスキンセラム」
"SUN CARE SKIN SERUM"

「サンケアスキンセラム」には、ラズベリーシードオイルのほか、
キャロットエキスやエーデルワイスエキス、紫根エキスなど、
どれも歴史的に「日焼け止めの代用品」として
使われてきた歴史があるものばかり。

「日焼けしにくい肌作り」をお手伝いできたらいいな、と願いを込めて誕生しました。

肌が敏感な方でも塗ることができるようにエーデルワイス花・葉エキスや
カレンデュラエキスなどを贅沢に含みます。

植物オイルが主成分だと素肌にのせた時に重く感じてしまうため
肌の酸化や乾燥対策のためにアロエベラ液汁を主成分に配合し
オイル・イン・ウォータータイプに。

そこに、大豆レシチンによる乳化作用が肌とよく馴染み
素肌の「水分＋油分＋乳化保湿」までをサポートします。
私たちの皮脂膜や角質層の乳化安定を高めてくれるのです。
もちろん 100% 植物成分。

石油系合成の「乳化剤」「防腐剤」「紫外線吸収剤」「紫外線散乱剤」等は
一切含みません。

これは、従来の「日焼け止め化粧品」ではなく
「日焼けケア美容液」だからこそ落とす必要はありません。
「夜も塗って眠る」ことで寝ている間にも肌のケアに役立つのです。

完全自社開発により ORGANIC MOTHER LIFE 初の
オリジナルコスメが誕生しました。

吉野本葛粉生まれの「アロールートフェイスパウダー」
"ARROWROOT FACE POWDER"

　ワイルドクラフトコスメ（有機栽培ではなく自然栽培）「吉野本葛粉」にこだわり続けました。

　出逢いは奈良大宇陀。葛粉の本家である森野様より素材を提供していただきました。適度なマット感とツヤ感を出すためにアスベストイメージの強いタルクは使用せず、白雲母（マイカ）を使用。5種類のマイカを試し、適度なマット感とツヤ感のある乾燥しない最高級グレードを選択しています。そこに「光老化軽減効果」を期待できるワイルドクラフトの大和茶葉を贅沢に使用。肌の鎮静を行いながら整えてくれる紫根エキスを配合。アレルギーやアトピー・ニキビ肌の方に是非使って欲しいと思っています。

　ファンデーションでくすんだり乾燥する方や素肌で安全に過ごしたい方にも試していただきたいのです。毛穴を塞がれている感じもなく常に自然な状態が続くので、ツヤを感じても軽くティッシュオフでも大丈夫。塗り直すなら、ティッシュオフ後がお勧めです。パウダーを使いすぎなくて済みます。

　日本の薬草や茶葉を使用しているから「薬草フェイスパウダー」と言うのです。そこに和精油の香りである「モミ」と「月桃」が含まれています。ARROWROOT FACE POWDER は、つけたままでも眠れるほどに優しい仕様で、夜はゆすぐだけでも充分です。

　洗顔料をお休みすることができます。ポイントメイクだけ植物油で浮かせてさっと石鹸洗顔をすると良いでしょう。粉末は非常に細かく、多少塗りすぎても白くなることはありません。白さを感じる方は量を減らすか、顔全体に均等に塗ることが出来るブラシをご用意していただくと良いでしょう。

　あくまでも軽めに、自然に、艶が残る程度に。

　この ARROWROOT FACE POWDER は乾燥させないために、そして外的刺激から肌を守るために使用します。「すっぴんに見えないように」といろんなこだわりがこの製品に込められています。

　マイカの適度な紫外線散乱効果ですっぴん肌を守ります。茶葉、茶葉エキス、茶花エキスにも様々な美容効果があり"美肌を守り抜く"茶カテキンが肌のキメを整え美しいすこやかな肌へ導いてくれることでしょう。

　新ブランドの「アロールートアンサンブル」シリーズもお楽しみに。

Chapter 5

あなたもきっと
ファンデーションを卒業できるはず
料理をするように美しい素肌は作れるということ

Story 1
社会派化粧品
social cosmetics

その土地の特産品や有機栽培のもの、
環境に配慮した素材などを厳選して作り、
社会貢献に繋がっている化粧品を『社会派化粧品』と呼びます。

作り手の思いが詰まった「顔が見えるコスメ」は、
エンドユーザーのことを考えるだけでなく、地方が抱える社会問題にも繋がっています。

QUON ／ 奈良県奈良市

rosa rugosa ／ 北海道浦幌町

NALUQ ／ 北海道下川町

naure ／ 沖縄県宮古島市

明日 わたしは柿の木にのぼる
／ 福島県国見町

MURASAKIno ORGANIC
／ 滋賀県東近江市

yaetoco ／ 愛媛県西予市明浜町

FERMENSTATION
／ 岩手県奥州市

sorashi-do ／ 新潟県阿賀野市

THERA ／ 奈良県奈良市

IERU ／ 大阪府大阪市

Maison de Naturopathie
／ 東京都目黒区

Story 2

一般社団法人

日本オーガニック
ビューティセラピスト協会

JAPAN
ORGANIC BEAUTY THERAPIST
ASSOCIATION

ORGANIC MOTHER LIFE® SCHOOL
オーガニックマザーライフスクール

「一家にひとりセラピスト」になろう

大切な自分のために

手に職をつけて自立しよう

COTTON HOUSE ORGANIC THERAPIST SCHOOL
コットンハウス オーガニックセラピストスクール

ORGANIC MOTHER LIFE は全国で、独立・雇用支援型の
オーガニックセラピスト専門育成スクールを運営しています。

「自宅でいつか小さなオーガニックエステサロンを開きたい」
「オーガニックに携わる仕事がしたい」「子供を育てながら働きたい」
「週末だけセラピストとして働いてみたい」など……。

その夢を形にするために最短半年から最長1年間かけて独立支援・実技指導・座学研修、サロン運営が体験できるレンタルサロン貸出しから、告知サポート、経営・経理相談、サロンワーク指導、卸値販売契約まで……。いつかたった1人でも「自宅サロン運営」ができるように指導しています。もちろん「自宅サロン」として開業するだけでなく、弊社のサロンで「月1回」からでも働ける雇用も提供し、一人でも多くの女性が手に職を持ち、社会に復帰、活躍できるお手伝いも行っています。

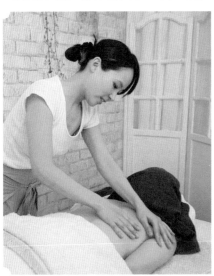

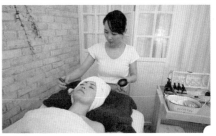

こんな方へ

オーガニックトリートメントの技術、オーガニックコスメ、
スキンケアの基礎から応用、そしてサロンビジネスまで学びたい方におすすめです。

※実技研修会は、全国で学べる
（東京、神奈川、愛知、大阪、福岡、茨城、富山、新潟、北海道、沖縄）
※月に一度の座学研修（約5時間）／一年間のカリキュラム（計60時間）
※東京校は「通学」と「通信」を選択可能
※座学研修会は現地参加・オンライン・動画でも受講可能
※認定証「オーガニックフェイシャル・ボディセラピスト資格」
「オーガニックスキンケアアドバイザー資格」が授与されます

PARTNERSHIP MEMBERS
パートナーシップメンバーズ

「オーガニックサロンを開業した
い」、そんな方が通うオーガニック
コスメ・スキンケア・ビジネスを学
べる専門スクールです。ここには、
オーガニックビューティセラピスト
としていつか独立したいという方々
が世代や環境問わず全国から集い、
オーガニックコスメ、スキンケアに
ついて学んでいます。

こんな方へ

オーガニックコスメ・スキンケアの基礎から応用、そしてサロンビジネスまで学びたい方におすすめです。

※全国どこでもオンラインで学べる（会員ページにて動画も配信）
※月に一度の座学研修（約5時間）／一年間のカリキュラム
※現地参加・オンライン・動画受講でも受講可能
※認定証「オーガニックスキンケアアドバイザー資格」が授与されます

ORGANIC MATERIAL COLLEGE
オーガニックマテリアルカレッジ

オーガニックマテリアルとは、正
真正銘のオーガニック原料のこと。
他のオーガニックコスメクラフト
スクールでは学ぶことができない
「オーガニックマテリアルの美容効
能」や「ブレンドのポイント」そし
て「オーガニックオイルとエキ
スの相性」など、本格的なオー
ガニックスキンケア理論とオーガ
ニッククラフト理論を共に学んで
いただきます。

こんな方へ

正真正銘のオーガニック原料を使用した美容効能別のコスメ作りを覚えたい方におすすめです。

※オンラインクラス／「動画＋材料＋道具セット」をお送りして在宅でも受講可能です
※現地で参加の場合も、材料＋道具は全てご用意しております
※認定書「オーガニックマテリアルセラピスト資格」が授与されます

ORGANIC BEAUTY THERAPIST
オーガニックビューティセラピスト

「素肌を好きになりたい」方が集う、オーガニックセルフスキンケアを基礎から学べるクラスです。「どんなコスメが素肌に合うのか?」「どんな使い方が良いのか?」など、オーガニックスキンケアの素朴な疑問から、ケアの方法まで講師が少人数または個別で対応します。

こんな方へ ―――
オーガニックセルフスキンケアを基礎から学びたい方におすすめです。

※全国で活躍する講師の下で学ぶ（近くで学べるサロンをご紹介）
※ご希望の方はオンラインでも受講可能
※認定証「オーガニックビューティセラピスト資格」が授与されます

スタッフ募集のお知らせ
ORGANIC BEAUTY THERAPIST RECRUIT

私たち ORGANIC MOTHER LIFE では、全てのスタッフの雇用を「スクールの在校生／卒業生」にお願いしています。「いきなり独立することはできないけれど、まずはオーガニックサロンで少しでも経験したい」という希望を叶えるために、月に一度でもセラピストや事務スタッフとして経験できる女性雇用支援を行っています。

美容業界特有の「重労働・長時間勤務・低賃金」の環境を改善するために、フルタイムの方が「週末だけ勤務する」ことも、子供連れのお母さんが「午前だけ勤務する」ことも推奨し、様々な家庭環境や個々のスキルに合わせて仕事を提案、そして雇用を生み出すお手伝いを ORGANIC MOTHER LIFE では目指しています。まずは一度、ご相談にお越しくださいませ。

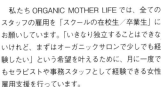

＜お問い合わせ／コットンハウス事業部宛＞
TEL：03-6875-9867　makoto@organicmotherlife.com

一般社団法人 日本オーガニックビューティセラピスト協会の協会理念として
「わたし維新」という名の女性社会支援を行っております。

Story 3

ORGANIC MOTHER LIFE へようこそ

2018年4月7日に「ORGANIC MOTHER LIFE － Botanical House －」自由が丘新店、
2019年8月5日に「ORGANIC MOTHER LIFE － Ethical House －」鎌倉御成町店がオープンいたしました。
オーガニックコスメやフードショップが併設されたオーガニックエステサロンとして、
今後は全国に輪が広がっていきます。
自然派美容学校「オーガニックマザーライフ® スクール」として
独立支援型のオーガニックセラピストスクール「コットンハウス®」も全国 10 校に展開。
店舗では、いつでも気軽にオーガニックコスメやフードを買いに来ることも、お肌の相談をすることも可能です。

═ オーガニックショップ 10 の約束事 ═

01. オーガニック成分が主成分に使用されているオーガニックコスメのみを厳選しております。
02. 石油由来成分が使用されたコスメは取り扱っておりません。
03. 植物が持つ天然の防腐力を活用したコスメを選択します。
04. 落ちにくい石油系合成ポリマーやシリコンが使用されたコスメは取り扱っておりません。
05. ナノ粒子のコスメやメイクアップアイテムは取り扱っておりません。
06. 大豆レシチン等の天然乳化剤で作られたクリームと乳液を取り扱っております。
07. 植物油クレンジング、天然乳化剤で落ちる成分のメイクアップアイテムのみ取り扱っております。
08. 石油系着色料であるタール系色素が使用されていないメイクアップアイテムを取り扱っております。
09. 生分解するオーガニック製品を中心に扱っております。
10. 生産者の想いに共感し、環境に優しい製品のみ、そして「顔が見える化粧品」を主に扱っております。

First Step

あなたの素肌に必要な<植物>を知ること。

素肌は十人十色。みんな違って、みんないい。
人それぞれ、素肌に必要な植物は異なる。

オーガニックコスメは、あなたの肌をゆっくりと元の健康肌へと整えていく化粧品です。植物が持つ多様な成分を活用し、素肌のトラブルを肌質の根底から整うように役立てていきます。「活性系・抗酸化系・調整系・鎮静系」に分類した植物効能を指標に、今の肌トラブルに合った「クレンジング／ローション／オイル／クリーム／サンケア／メイクアップ」を選んでみましょう。

Second Step

オーガニックコスメをスキンケアにとり入れること。

あなたが今使用しているコスメを見直し、
オーガニックコスメをいつものスキンケアに取り入れて。
焦らずに、ゆっくりと。

素肌に合う植物がわかったら、次は「取り入れる順番／正しい使い方」を知ることです。クレンジング一つ、オイル一つ、ケミカルコスメとは効果も効能も使用方法も異なります。同じように使っていては、台無しです。まずは素肌のことを知り、オーガニックコスメの使い方のことも学んでください。

Third Step

みんな「すっぴん肌」。ファンデーションを卒業します。

ファンデーションを塗りたい女の子なんて
本当は一人もいません。

オーガニックコスメを使用して、自分の素肌を心から好きになれるほどの効果を体感してほしい。素肌が綺麗なら、それを隠すようなファンデーションを塗りたい女の子なんて、本当は一人もいないはず。私自身の経験を通じて気づいた「素肌との向き合い方」を知っていただくための自然派美容学校を、全国で開校しています。

「自然ぐすりが生活の中に根付いてほしい」
自然派美容薬屋のようなオーガニックエステサロン

日本で初めての自然派美容薬屋が「ボタニカルハウス」と名付けられ、自由が丘に2018年4月7日に誕生しました。そう名付けた理由は、薬用植物を店頭に並べ、カウンセリングやトリートメントを自然療法士や薬剤士・セラピストが行い、素肌や体、そして心の不調を変えていく自然派薬局を作りたいというもの。そこにはオーガニックコスメも「化粧品」としてメーカー別に並べられるだけではなく、「用途種別」にも陳列され、「植物薬効」が記され、これまでの化粧品店とは異なる魅せ方をしています。

ONLINE
SHOP

一家にひとりセラピスト

私のサロンコンセプトです。

すべての女性たちが"植物の力"で癒され整えられ、周りに還元できる優しさを手に入れるために、

薬や石油製品があたりまえの世の中に「植物療法」の魅力を伝えていく。

そして、私たちは日本の「薬局」と「エステ」の当たり前を変えていく。

ORGANIC MOTHER LIFE オーガニックトリートメント"20 の約束事"に沿って、

私たちはお客様の大切な素肌をお預かりしています。

オーガニックコスメを用いてお肌を整え、少しでも多くの女性が素肌と向き合えるように、

私たちからお客様へ提供するオーガニックトリートメントに「20 の約束事」をさせていただいております。

ORGANIC MOTHER LIFE オーガニックトリートメント 20 の約束事

01. 質の高い世界と日本のオーガニックコスメを使用しています
中にはワイルドクラフトコスメやバイオダイナミックコスメもございます

02. 石油系の合成界面活性剤は使用致しません
素肌に刺激のあるものは使用しません エタノール成分は肌の状態によっては避けております

03. 石油由来の成分が使用された製品は一切使用しておりません
刺激のある石油由来の合成成分が含まれる化粧品は使いません

04. オーガニック認証に捉われず質の良い製品を厳選して取り扱っております
日本のオーガニックコスメをより多く厳選し使用しています

05. 生産者や開発者の想いに共感しバックストーリーがある製品を厳選しております
環境や社会、動物愛護支援になる化粧品をできるだけ選んでいます

06. クレンジング剤は新鮮な植物油・石けん成分を代用しています
石油系の合成界面活性剤が使用されたクレンジングは使用しておりません

07. クリームや乳液は天然由来の乳化剤を選択します
大豆由来のレシチンや海藻由来のゲル化剤を仕上げに使用しています

08. スクラブには粒子の荒いものやピーリング効果の強いものは使用しておりません
主に刺激がなく保湿力の高いシュガースクラブやこんにゃく成分を使用しています

09. フェイシャルトリートメントには「50種類の植物成分の原料」を調合して使用します
エコサート認証のオーガニック原料を主に使用しています

10. フェイシャルトリートメントには精油単体は使用しておりません
精油の含有量が多い化粧品は使用しておりません

自宅サロンで続けてきた
きめ細やかな
オーガニックトリートメントを
店舗でも再現したい

ORGANIC MOTHER LIFE は自宅の一室で
2015 年に始まりました。お客様の素肌と
向き合い続けた実績がここにあります。

11. 素肌を触ってからオーガニックコスメやクレイ、浸出油を一人ひとりへオーダーメイドで使用します
　　素肌に合わせて種類や濃度、量、香りを選びます

12. 素肌につけたまま眠れる「人参と木苺生まれのサンケアスキンセラム」を仕上げに使用します
　　日焼け止めは塗らずにお帰りいただき夜もそのまま寝ていただけます

13. 素肌につけたまま眠れる「吉野本葛粉生まれのアロールートフェイスパウダー」を仕上げに使用します
　　ファンデーションは塗らずにお帰りいただき夜はゆすぐだけでお休みいただけます

14. お部屋の香りにはオーガニックの精油を調合し、今あなたに必要な香りを選びます
　　心や体の不調に合わせてブレンドしています

15. 心の不調に合わせてフラワーエッセンスを提供しています
　　「心も臓器」と考え、丁寧なカウンセリングを行います

16. 素肌に触れるリネン類には全てオーガニックコットン素材を使用しています
　　肌への触り心地を良くするために使い捨てのペーパーやフィルムは一切使用しません

17. サロンで使用する洗剤類は全てオーガニック製品を使用しています
　　お客様とスタッフの素肌・環境に配慮した製品を使用しています

18. お客様が触れるもの、口にするもの全てをオーガニックにこだわっています
　　お客様の体と環境に配慮した製品を使用しています

19. スタッフが触れるもの、口にするもの全てをオーガニックにこだわっています
　　スタッフの体と環境に配慮した製品を使用しています

20. お客様の365日のスキンケアが整うようにオーガニックセルフケアをお伝えしています
　　エステに通うことよりも毎日のケアが大切と考え、自宅でのセルフケアを教えています

Epilpgue

料理をするように
美しい素肌は
作れるということ

2冊目となる書籍を書き下ろして、思うこと。

　「伝える」という作業は、とても地味に見えて何よりも大切なことだと感じます。どれだけ良いものを作っても、知ってもらえなければ「何もなかったこと」と同じ。多くの人を感動させるためには、自分が何よりも感動を覚えなくてはいけない。伝え続けなければいけない。

　私は、自分の素肌や自分自身に「自信」が無かった20歳の頃、オーガニックコスメに出逢い感動をした日を、今でも忘れられません。あの日の感動は、自分のコンプレックスを隠す事しか知らなかった私に、人生で初めて「素肌と向き合おう」と決心するきっかけをくれたのです。

　私にとって、オーガニックスキンケアは「美しくなるための手段」ではありません。自分自身を包み隠さず、個性を受け入れて、心の底から自分の素肌を通じて「自分を好きになる」ための習慣です。自分自身を大切にする方法のひとつとして、毎日の中にたった1％でもいいから、ナチュラルなスキンケアを取り入れて見つめ直してほしい。

きっとあなたも、変われるはず。
こんな私でも、変われたのだから。

ORGANIC MOTHER LIFE
坂田まこと

Author Profile

一般社団法人 日本オーガニックビューティセラピスト協会

MAKOTO SAKATA

代表理事／オーガニックビューティセラピスト

5年間でオーガニックエステサロン×コスメショップ×レンタルサロンを関東で6店舗オープンさせ、オーガニックセラピスト専門育成校「COTTON HOUSE®」を展開し、女性の新しい働き方を広めてきた。自社商品「サンケアスキンセラム」や「アロールートフェイスパウダー」、新商品「Maison de Naturopathie」「Arrowroot Ensemble」を通じて、素肌に何も余計なものを纏わず生きる方法 "ファンデーションを卒業するためのオーガニックスキンケアメソッド" を確立した。著書に、『私、ファンデーションを卒業します。』(2018年／小社刊) がある。

BLOG/
ONLINESHOP

HISTORY　18歳で妊娠、19歳で母になる

私は、18歳で妊娠、19歳で母になりました。
若年妊娠を経験後、アトピーが再発してしまい、同時に化学性物質過敏症になった経験があります。「綺麗になるよりも、まずは健康になりたい」と始めた自然療法で肌質が改善したことから、自身のブログ「ORGANIC MOTHER LIFE」で10年以上、ほぼ毎日オーガニックスキンケアやオーガニックライフについて発信しています。それから私の運命は少しずつ動き始めました。

2015　自宅の一室から始まった小さな「オーガニックエステ」

若くして母になった私は、手に職をつけるためにオーガニックセラピストを目指すことを決意し、前職のウエディングプランナーを退職して、オーガニック美容の世界に飛び込みます。3年間の修業を経て、自宅の小さな一室でオーガニックエステサロンを2015年に開業し、「ファンデーションを卒業するためのオーガニックスキンケア」を発信し続けました。

2016　「ファンデーションを卒業すること」を真っ直ぐに

素肌にコンプレックスを持っていたことで「ファンデーションに依存していた」私は、お客様の悩みを解決する中で、「本当はファンデーションを塗りたい女の子なんて一人もいない」ことに気がつきます。そこから、発信をオーガニックスキンケア関連に特化し、独立して半年後に一般社団法人日本オーガニックビューティセラピスト協会を設立します。

2017　私のような＜一家にひとりセラピスト＞を育成する

「過去の私のように、素肌に苦しみ、素肌を隠してしまう女性たちの力になりたい」と協会を設立し、多くの女性たちにエステだけではなく、スキンケアのノウハウを伝えるための学校作りを始めることになります。いつしかその輪は全国へと広がっていきました。そして、一人でも多くの女性が社会で自立するための独立支援型のオーガニックセラピストスクール「コットンハウス®」を立ち上げます。

2018　私は素肌に悩める女性の力になりたい。

私の願いは、いつもたった一つでした。「一人でも多くの女性がファンデーションを卒業できるくらいに、自分の素肌を好きになってほしい」。その想いが出版社の目に止まり、独立して3年後に、念願だった書籍『私、ファンデーションを卒業します。』の出版が実現しました。そして、2018年4月7日、オーガニックショップ＆サロン＆スクール「ORGANIC MOTHER LIFE －Botanical House－」をオープンしました。その後、2018年5月、全国書店にて書籍が販売され、「ファンデーション卒業」の輪が広がっていったのです。
今は、鎌倉御成町店として2019年8月に「ORGANIC MOTHER LIFE -Ethical House-」もオープンしました。

料理をするように
美しい素肌は作れるということ

初版発行　2020 年 7 月 10 日

著者　坂田まこと

写真
稲垣純也

撮影協力
ORGANIC MOTHER LIFE -Botanical House- & -Ethical House-

アートディレクション＆デザイン
松本菜美（株式会社 ACQUA）

題字
久保田奈々（株式会社 ACQUA）

イラスト
加藤翠
紅鮭色子

モデル
斉藤アリス

ヘア＆メイク
つばきち

校正
横地江里乃

発行者　吉良さおり
発行所　キラジェンヌ株式会社
〒 151-0073 東京都渋谷区笹塚 3-19-2　青田ビル 2F
TEL　03-5371-0041 ／ FAX　03-5371-0051
印刷・製本　日経印刷株式会社
©2020 KIRASIENNE.Inc
Printed in Japan

ISBN978-4-906913-94-7
C2077